인연 아닌 사람은 있어도
인연 없는 사람은 없다

인연 아닌 사람은 있어도
인연 없는 사람은 없다

묘장 지음
소리여행 그림

〈나는 절로〉 묘장 스님이 들려주는
인연의 법칙

불광출판사

서문

내가 〈나는 절로〉를
하는 이유

〈나는 절로〉에 대한 세간의 관심이 뜨겁다. 지금 준비 중인 〈나는 절로〉 신흥사 편(2025년 9월)에 첫날 참가 신청만 1,000명이 넘게 접수했을 정도다. 이러한 전 국민적 관심에 부응해 앞으로 프로그램을 더 알차게 준비하고 잘 운영해야겠다는 생각뿐이다.

잘 알려져 있듯이 〈나는 절로〉는 이미 오래전부터 대한불교조계종 사회복지재단이 진행해 온 프로그램이다. '만남 템플스테이'라는 이름으로 이어져 온 것이 벌써 십수 년이다. 신한은행, 기술보증기금, 신용보증기금 직원들이 참여해 최근 비공개로 진행한 만남까지 45번의 일정을 소화했다.

〈나는 절로〉가 이렇듯 흥행하게 된 데는 몇 가지 이유가 있다. 첫째, 템플스테이가 젊은이들의 인생 버킷리스트에 들어가면서 절에서의 만남이 새롭고 흥미로운 소재로 떠올랐다. 둘째, 코로나 기간 교류의 단절이 좋은 사람을 만나고자 하는 그리움으로 바뀌었다. 셋째, 10년이 넘는 긴 시간 동안 프로그램을 진행하며 여러모로 어려움이 많았지만 끝내 포기하지 않고 트렌드에 맞게 프로그램을 리뉴얼했다. 이는 무엇보다 재단 직원들의 톡톡 튀는 아이디어와 헌신이 뒷받침되었기에 가능했던 일이다. 넷째, 불교에 대한 대중의 깊은 신뢰가 밑바탕이 되었다. 다섯째, '불교! 또 자기들끼리 재미난 거 하네'라는 말에서 알 수 있듯이 힙(Hip)해진 불교에 대한 관심이 젊은이들을 〈나는 절로〉로 이끌었다. 여섯째, 〈나는 솔로〉 같은 연애 프로그램의 인기도 당연히 한몫을 했다.

저출산 이슈는 이미 오래전부터 우리 사회 모든 구성원이 머리를 맞대고 해결해야 할 최대 현안이 되었다. '국가 비상사태'라는 표현이 과하지 않을 정도다. 현재의 추세가 계속된다면 경제, 사회, 교육, 안보 등 국가 전 분야에서의 시스템 붕괴가 우려된다. 이런 저출산 문제를 같이 풀어 보고자 사회복지재단은 〈나는 절로〉를 기획·운영하게 되었으며, 〈나는 절로〉는 불교적 가치관을 기반으로 문제를 해결하고자 하는 목표를 갖고 있다.

불교는 집을 중심에 두고 이야기하기를 좋아한다. 집을 떠난 출가(出家)와 집에 사는 재가(在家)를 구분하는 것이 대표적이다. 이렇게 출가와 재가로 구분하는 것에는 이유가 있다. 출가자는 집을 떠나 승가라는 공동체 속에서 소유에 얽매이지 않는 수행자로 살고, 재가자는 집에 머물며 자신의 노력으로 돈과 물건을 모아 소유의 삶을 즐기되 바른 직업과 훌륭한 가정을 이루어야 한다는 것이다. 이렇듯 각자의 자리에서 자신의 역할을 충실히 해야 한다.

이런 점에서 사회복지재단은 〈나는 절로〉를 통해 불자와 시민들이 '재가자'의 역할을 잘할 수 있도록 길을 안내하고자 한다. 남녀의 결혼 인연을 만들어 주는 것이 수행자의 본분은 아니지만, 세상의 어려움을 보듬는 일이야말로 지극한 자비의 실천이기에 사회적 문제 해결의 역할을 다하기 위해 사회복지재단 사업으로서 〈나는 절로〉를 운영하는 것이다.

이 책은 '인연'과 '생명'을 통해 삶의 지혜를 찾아보려는 시도이다. 〈나는 절로〉를 비롯한 다양한 이야기들을 정리했다. 아무쪼록 이 책을 읽는 분들과 글로 소통하고 마음으로 대화하는 기회가 되기를 바란다. 더불어 이 책이 나올 수 있게 도와준 모든 분께 감사드린다. 올바른 수행자가 되도록 끊임없이 살펴 주시는 은사 웅산법등 대종사님, 종단과 재단의 든든한 버팀목이 되어 주시는 총무원장 진우 큰스님을 비롯한 대중스님들, 불교사회복지 실천을 위해 불철주야 애쓰고 있는 사회복지재단 직원들, 〈나는 절로〉로 인연이 된 많은 사람들, 좋은 책을 만들어 준 불광출판사 임직원 여러분들께도 고마운 인사를 전한다.

2025년 여름
연화사 무위당에서 묘장 합장

차례

서문 ‥ 4

1

후회 없이 사랑하라
사랑할 시간은 그리 많지 않다

〈나는 절로〉 이야기

나는 솔로? 나는 절로! ‥ 14
잠들 수 없는 절에서의 하룻밤 ‥ 20
시작하는 연인들을 위하여 ‥ 25
알 수 없는 인연의 묘함 ‥ 33
총무원장 스님은 히트 메이커 ‥ 39
든든한 사랑의 후원자들 ‥ 44
나를 욕심 나게 하는 사람들 ‥ 50
자비 안에서 만남 추구 ‥ 55
벽을 허무는 힙한 불교 ‥ 61
삶은 행복으로 가득하다 ‥ 67

2 모든 것은 인연에 의해 생기고 인연에 의해 사라진다

불교의 사랑

백 겁의 사랑 ‥ 74
깨달음을 향한 원대한 포기 ‥ 80
영원한 유산 ‥ 85
부부라는 이름의 도반 ‥ 90
작은 사랑을 잃고 큰 사랑을 얻다 ‥ 96
세상에서 제일 값진 것 ‥ 102
마음껏 사랑하고 그리워하라 ‥ 107
이 몸을 던져 그대를 수호하리 ‥ 113
당신을 위해 발원합니다 ‥ 117

3 끝없이 넓은 세계와 나와 남이 조금도 떨어져 있지 않다

인생의 지혜

돈으로 살 수 없는 것 ·· 124
스님의 명품 ·· 128
먹방 유감 ·· 133
증오는 실체가 없다 ·· 139
꽃으로도 때리지 말라 ·· 143
행복의 조건 ·· 149
학교에서 가르쳐야 할 것들 ·· 153
헬조선 탈출법 ·· 158
마음 씀의 미학 ·· 164
길을 잃은 사람에게 ·· 168
보시의 공덕을 알게 하라 ·· 174
천진불의 마음 ·· 178
무소유의 경제 모델 ·· 183
소란한 마음에 향을 사르다 ·· 187
재수 없는 날 ·· 192
생명을 살리는 방생(放生) ·· 197
탁발 예찬 ·· 202
해인사 김치가 짠 이유 ·· 206
마지막 인사 ·· 211

부록 묘장 스님의 주례사 ·· 216

1

후회 없이
사랑하라
사랑할 시간은
그리 많지 않다

〈나는 절로〉 이야기

나는 솔로?
나는 절로!

'이름'의 힘은 대단하다. 사람이든 물건이든 '이름'이 많은 것을 규정하기 때문이다. 그래서 예전부터 어른들은 자손이 태어나면 이름 짓는 일을 귀하게 생각했다. 덕망 높은 스승에게 청하거나, 그것이 여의치 않을 경우 작명소를 찾는 것이 어색하지 않았다. 내가 있는 연화사에도 새 생명의 이름을 지어 달라고 가끔 사람들이 찾아온다. 큰 재주는 없지만, 할머니 할아버지와 어머니 아버지의 이야기를 귀 기울여 듣고 새로 태어난 생명에게 이름을 지어 주는 일이 나에게도 소중하고 행복한 일 가운데 하나다.

    최근 논란이 된 최정상급 아이돌 가수의 이름 변경, 인천 광역시 내 한 구(區)의 이름을 바꾸려고 했던 이슈는 '이름'이 갖는 상징성을 다시금 생각하게 한다. 또 트럼프 미국 대통령이 두 번째 당선 직후 북미 최고봉 디날리(Denali) 산의 명칭을 다시 매킨리(McKinley)로 바꾸는 행정 명령에 서명한 일도 이와 관련이 깊다.

    2015년 버락 오바마 전 미국 대통령은 알래스카 원주민의 청원을 받아들여 산의 이름을 매킨리에서 디날리로 바꾸었다. 그런데 이를 트럼프 대통령이 다시 번복한 것이다. 참고로 디날리는 지역 원주민들이 오래전부터 부르던 산의 이름이고, 매킨리는 1896년 금 채굴업자가 당시 대통령 후보였던 윌리엄 매킨리의 이름을 따서 붙인 명칭이다. 정권이 바뀔 때마다 이름이 달라지는 산의 운명이 참으로 기구한데, 어쨌거나 이를 통해 미국 역시 '이름'의 힘을 중요하게 여기고 있음을 확인할 수 있다.

    고등학교 1학년 때 출가를 결심한 나는 우여곡절 끝에 김천 직지사에 도착해 은사스님으로부터 '묘장(妙藏)'이라는 법명을 받았다. 마음속에 내재한 불성(佛性)을 잘 발현시키라는 은사스님의 당부는 출가 이후 지금까지 수행 생활의 큰 지침이 되고 있다.

〈나는 절로〉의 성공 역시 이름의 힘이 컸다. 유명한 TV 연예 프로그램인 〈나는 솔로〉를 연상케 하여 호기심을 불러일으켰고, 동시에 이것의 목적 역시 남녀 간의 인연을 맺어 주는 것임을 금방 떠올릴 수 있었기 때문이다. 더불어 절에 오면 모든 일이 잘 풀린다는 인상을 각인시키는 효과도 있었다.

〈나는 절로〉라는 이름이 만들어진 과정이 꽤 흥미롭다. 방송과 언론을 통해 프로그램이 알려지면서 기자나 다른 사람들을 만날 때면 늘 '시작'에 관한 질문을 받곤 한다. 여기에 짧게 그 탄생 과정을 소개한다.

나는 현재 대한불교조계종 사회복지재단 대표이사를 맡고 있다. 이전에도 이곳에서 소임을 살았는데, 당시 소임은 상임이사였다. 그때 재단의 핵심 사업 중 하나로 '만남 템플스테이'를 진행하고 있었다. 하지만 남녀 간의 만남과 인구 인식 개선이라는 분명한 목표가 있었음에도 프로그램은 이를 잘 뒷받침하지 못했다. 정해진 교육 시간이 지나치게 많았고, 상대적으로 남녀 간 만남의 시간은 부족했다. 이성을 만나려고 절에 왔는데 정작 이성과 교류할 여유가 없었던 것이다. 그러다 보니 참가자가 늘지 않았고, 부족한 인원을 채우기 위해 상황에 따라 재단 직원들이 참가자로 긴급 투입되기까지 했다.

사실상 명맥만 유지하는 상황이었다고 해도 과언이 아니다.

2023년 하반기에 대표이사 소임을 맡게 되었을 때, 전과 같은 '만남 템플스테이' 계획안이 올라왔다. 나는 예전의 좋지 않았던 기억이 떠올라, 초심으로 돌아가서 모든 것을 새롭게 시작해 보자고 제안했다. 실무자들은 당황한 기색이 역력했다. 며칠 뒤 여러 차례의 회의를 거쳐 올라온 결재서류에는 색다른 이름이 적혀 있었다. 바로 〈나는 절로〉였다.

사연이 재밌다. 실무자가 '만남 템플스테이' 관련 내용을 인스타그램에 올렸더니, 얼마 뒤 "그럼 이건 나는 솔로가 아니라 나는 절로네"라는 댓글이 달렸다고 한다. 한 직원이 이 댓글을 보고 무릎을 쳤다. 그리고 부서 공유와 논의를 거쳐 만장일치로 프로그램명을 〈나는 절로〉로 결정한 것이다. 나 역시 보고를 받는 순간 기분이 좋았다. 군더더기 없이 깔끔하면서 무언가 흥미를 자극하는 제목이었기 때문이다.

2023년 11월에 실시한 〈나는 절로〉 1기와 연이어 12월에 실시한 2기에 대한 반응이 가히 폭발적이었다. 이름만 보고 참가 신청을 한 사람이 적지 않았다. 참가자들도 호평 일색이었다. 지금도 나를 만나는 사람들이 〈나는 절로〉라는 프로그램 이름에 대해 칭찬의 말을 아끼지 않는다. 대한민국 TV 예능 프로그램에서 활약하고 있는 신동엽, 박명수, 전현무, 유재석, 배성재, 테이 등도 본인의 방송에서 "너무 재밌는 이름"이라며 〈나는 절로〉를 언급한 바 있다.

    국내외 언론에서도 큰 관심을 보이고 있다. 그동안 많은 방송과 신문, 심지어 해외 언론에까지 보도되었다. 다들 첫 반응은 '이름이 재미있다'이다. 말하자면 이름값을 하는 프로그램이 바로 〈나는 절로〉다. 너무도 많은 관심 덕에 살짝 부담감이 느껴지는 것도 사실이다. 그래도 〈나는 절로〉의 이름과 내용에 공감하고 호응해 주는 대중들을 위해 더 열심히 해야겠다는 생각뿐이다.

나는 절로

잠들 수 없는
절에서의 하룻밤

앞서 말했듯이 '만남 템플스테이'의 이름을 〈나는 절로〉로 바꾸고 난 뒤 사람들의 반응이 극적으로 바뀌었다. 다만 2023년 말에 진행한 초기 두 번의 프로그램(1기와 2기)은 세부 일정 등의 완성도 측면에서 아쉬움이 없지 않았다.

　해가 바뀌어 강화도 전등사에서 새해 첫 프로그램이 진행되었다. 나는 실무자들에게 당부해 다양한 구성안을 가져오도록 했다. 이름이 바뀐 만큼 사소한 것 하나라도 재검토하여 새롭게 할 필요가 있었다. 핵심은 '템플스테이'가 아닌 '만남'에 중점을 두는 것이었다. 절에서 하는 교육의 양과 시간을 과감히 줄이고, 참가자들이 지속적으로 대화하고 소통할 수 있는 환경을 만들도록 요청했다. 불자 혹은 신도가 아닌 사람들이 절을 찾아와 1박 2일간 머물면서 참배를 하고 마음을 돌아보는 것만으로도 템플스테이의 의미는 충분했기 때문이다.

긴 논의 끝에 현재와 같은 프로그램의 틀이 마련되었다. 우선 〈나는 솔로〉처럼 〈나는 절로〉에 참가한 사람들도 실명을 밝히지 않고 가명을 쓰기로 했다. 지수, 제니, 중기, 은우처럼 가수와 연예인의 이름을 따서 쓰는가 하면 선우, 선재 같은 불교 용어도 가명으로 활용했다.

일정의 시작을 알리는 입재식에는 주지스님 환영사와 저출산 인식 개선 교육 등이 추가되었고, 좋은 인연을 만나길 기원하는 의미로 사회복지재단에서 준비한 청실홍실 단주를 참가자들에게 선물했다. 입재식 후에는 사찰을 참배했다. 대한민국의 역사와 함께하며 대중의 마음을 보듬어 온 사찰의 역사와 마주하는 시간이었다. 500살이 넘은 은행나무, 대웅보전을 떠받치고 있는 나부상(裸婦像), 전등사를 감싸고 있는 삼랑성 등 소중하고 특별한 공간을 돌아보는 가운데 참가자들 사이에서 연신 감탄이 흘러나왔다. 특히 각자의 소원을 적어 연등 공양을 올리는 모습은 너무도 진지하고 아름다웠다.

다음으로 자기소개 시간이 이어졌다. 소중한 만남을 준비하며 잔뜩 멋을 부리고 온 참가자들을 위해 사복 차림으로 소개를 주고받도록 했다. '풀메(Full Makeup)'로 한껏 꾸미고 온 참가자들을 위한 조치였다. 법복으로 갈아입기 전에 각자의 개성을 어필할 수 있도록 충분한 시간을 배려한 것이다. 그때부터 참가자들의 눈빛이 서로를 향해 반짝반짝 빛나기 시작했다.

자기소개가 끝난 다음에는 아이스 브레이킹 레크리에이션이 진행되었다. 어색함을 깨고 게임을 통해 서로를 알아가는 시간이었다. 게임에서 얻은 점수를 바탕으로 두 사람씩 짝을 지어 저녁 공양을 하는 동안 데이트를 즐기도록 했다. 점수가 높은 사람이 우선권을 얻어 이성을 지명해 함께 저녁을 먹으며 대화를 나누었다. 공양 후에는 자율적으로 저녁 예불에 동참했는데, 이때 이성과 함께 타종해 볼 수 있는 특별한 기회를 선사했다.

첫째 날 마지막 공식 일정은 1:1 로테이션 차담이었다. 모든 참가자가 10분씩 서로를 알아갈 수 있는 대화 시간을 가졌다. 전등사 찻집에서 따뜻한 차를 마시며 나누는 대화는 짧지만 서로의 관심사와 마음을 알아보기에 요긴한 시간이었다. 차담 이후는 자율 데이트 시간이었다.

본래 사찰은 밤 9시가 되면 잠자리에 들어야 하지만, 프로그램의 취지를 고려해 밤 11시까지 취침 시간을 늦추었다. 전등사 스님들이 너그럽게 양해해 주신 덕에 특별한 시간을 마련할 수 있었는데, 정작 진행자의 안내에도 참가자들은 아무런 호응이 없었다. "이러니까 다들 솔로지!" 누군가의 자조 섞인 한탄에 다들 한바탕 크게 웃으면서 각자 방으로 돌아갔다. 물론 11시가 되어도 잠이 드는 사람은 없었다.

그렇게 다들 뜬눈으로 밤을 지새우고, 마침내 커플 결정의 순간이 다가왔다. 이번에는 총 네 커플이 탄생했다. 인연이 된 사람들과 그러지 못한 이들이 각자 짝을 이뤄 산책 데이트를 나섰다. 조심스레 발걸음을 맞춰 가며 전등사 경내를 걷는 참가자들의 모습이 마치 봄날의 꽃처럼 싱그럽고 아름다웠다.

또 하나 기억에 남았던 일은 커플 사진 찍기 미션이었다. 참가자들은 저마다 커플 사진을 한 장씩 남겼는데, 특히 공식 커플이 된 이들의 표정이 처음과는 사뭇 달라 보였다. 설렘과 행복이 묻어난다고 할까. 어쩌면 새로운 인연 맺음을 축하하고 응원하는 내 마음이 그저 그렇게 보았던 것일지도 모르겠다.

전등사에서 열린 〈나는 절로〉 3기는 여러모로 뜻깊은 시간이었다. 이름과 내용 면에서 완전히 새로워진 프로그램의 진정한 첫걸음이었던 까닭이다. 주지스님의 열성적인 지원도 각별했다. 차담 시간에 전한 주지스님의 진심 어린 당부와 격려 말씀은 참가자들의 마음에 불씨를 지폈다. 나중에 결혼하고 아이를 낳는다면 전폭적인 지원을 아끼지 않겠다던 주지 스님의 말씀에 모든 참가자가 박수와 환호성으로 응답하던 모습이 지금도 눈에 선하다.

시작하는
연인들을 위하여

〈나는 절로〉 3기 전등사 편 이후부터 새롭게 추가된 일정이 있다. 참가자들이 한데 모여 사찰까지 버스로 함께 이동하는 것이다. 마치 여행을 떠나듯 편안한 마음으로, 시작부터 유쾌한 분위기를 만들어 보고자 한 작은 시도이다.

    이른 아침 버스에 오르는 순간부터 〈나는 절로〉는 시작된다. 남자는 통로 쪽, 여자는 창가 쪽 번호표를 뽑아 자리를 배정하고 목적지까지 가는 동안 두세 번 자리를 바꿔 가며 앉는다. 어색한 가운데서도 자연스럽게 서로 소통할 수 있는 장치를 마련한 것이다. 그런데 시작이 반이라고 했던가. 버스에서 짝꿍이 되어 공식 커플로까지 이어진 사례가 적지 않다. 말 그대로 첫눈에 반한 셈이다. 바야흐로 버스는 〈나는 절로〉에서 낯선 남녀 사이를 이어 주는 중요한 오작교 중 하나가 되었다.

〈나는 절로〉는 매회가 특집이다. 국민 예능 프로그램이라 불리던 〈무한도전〉을 모티브로 삼아, 나를 비롯한 실무자들이 한 회 한 회 정성을 다해 준비한다. 이를테면 전등사 편은 봄꽃 특집이었다. 경내를 장엄한 형형색색의 꽃이 청춘남녀와 어우러지니 이보다 더 아름다울 수 없었다. 궁금증을 불러일으키는 가명도 재미를 더하는 요소였다.

2024년 6월에 열린 〈나는 절로〉 4기 한국문화연수원 편은 봄과 여름 사이의 신록과 계곡에 초점을 맞췄다. 여러모로 잘 갖춰진 연수원 시설을 활용할 수 있어서 참가 인원도 이전보다 많은 30명으로 늘렸다. 봄의 끝자락, 여름의 초입에 푸르른 자연에서 함께한 시절은 그야말로 청춘(靑春)이었다. 서로 손을 맞잡고 마곡사 징검다리를 건너는 참가자들의 모습이 이른 아침 윤슬처럼 눈부셨다.

〈나는 절로〉 5기 낙산사 편의 테마는 여름과 바다였다. 우리나라에는 아름다운 전통 사찰이 많이 있지만, 특히 한여름의 낙산사는 동해의 푸른 바닷물과 어우러져 멋진 풍광을 자아낸다. 해수관음상에서 동해와 낙산사를 내려다보노라면, 마치 극락의 어디쯤엔가 와 있는 듯한 느낌마저 든다. 때마침 낙산사 일정은 칠월칠석과 겹쳤던지라 참가자들 가명을 견우 몇 호, 직녀 몇 호로 짓고 특별히 한복도 준비했다. 고운 우리 옷을 입고 행복한 한때를 보내는 선남선녀들의 모습이 얼마나 사랑스럽고 어여쁜지, 지금도 그 모습이 기억에 또렷이 남아 있다.

한편 낙산사 일정에는 주형환 저출산고령사회위원회 부위원장님이 참석해 〈나는 절로〉의 뜨거운 열기를 직접 확인하고 참가자들과 소통하는 등 뜻깊은 시간을 가지기도 했다. 주형환 부위원장님은 모두가 인정하는 〈나는 절로〉 홍보대사다. 어디를 가든 누구를 만나든 〈나는 절로〉 자랑을 많이 해주셔서 늘 감사한 마음이다.

〈나는 절로〉 6기 화계사 편은 더욱 특별했다. 그동안 프로그램을 신행하면서 중년층은 물론 돌싱(사별이나 이혼 등으로 다시 혼자가 된 사람을 일컫는 신조어) 남녀들의 참가 문의가 끊이지 않았는데, 이들을 위해 최초로 40대 특집을 마련했다. 〈나는 절로〉의 기획 의도가 단지 새로운 인연을 맺는 데 그치지 않고 한 걸음 더 나아가 '저출산' 문제를 극복하는 데 있었기에 가능했던 일이다.

화계사 편은 참가자들이 상대적으로 사회적 시선에 큰 영향을 받을 수 있는 나이대임을 고려해 비공개로 진행했다. 또 인기 연예 프로그램 〈짝〉을 모티브로 해 1호~10호라는 가명을 사용했다. 각자 짐을 들고 들어오는 모습이 TV에서 보았던 장면과 자연스럽게 오버랩되어 다들 시작부터 즐겁게 웃었던 기억이 난다. 일정이 마무리되고 언론사들의 계속된 요청을 한사코 거절할 수 없어서 커플 매칭 결과와 사진 몇 장을 공개했는데, 이것이 대서특필되어 또 한 번 대중의 주목을 받았다.

〈나는 절로〉 7기 백양사 편은 가을 단풍 특집이었다. 장성 백양사는 우리나라를 대표하는 단풍성지 중 하나로 가을이면 애기단풍을 보러 전국 각지에서 몰려온 사람들로 발 디딜 틈이 없을 정도다. 그런 명소에서, 세계적인 셰프 정관 스님의 사찰음식을 체험하고 맛볼 수 있는 기회까지 더해 차별화된 프로그램을 구성했다.

오감을 만족시켜 줄 템플스테이에 대한 기대감으로 참가 신청이 잇따랐다. 1,000명 가까이 신청자가 몰려서 애초 남녀 10명씩을 선발하려던 계획을 바꿔 12명씩 선발했다. 장성이 홍길동의 고향이라는 데 착안해서 남성 참가자들 이름은 ㅇ길동으로, 여성은 ㅇ길순으로 정했다. 뜨거운 열기 속에 공식 커플 일곱 쌍, 비공개 커플 두 쌍이 탄생하며 성황리에 막을 내렸다.

총 다섯 차례 열린 2024년 〈나는 절로〉의 시즌 마지막 행사는 총동창회였다. 한 해를 마감하는 12월, 공주 한국문화연수원에서 '그래도 희망은 있다, 연애 AS'를 테마로 기존 템플스테이 참가자들 가운데 커플이 되지 못한 이들을 모아 행사를 진행했다. 26명(남성 16명, 여성 10명)의 참가자들이 모여 전보다 훨씬 편안한 분위기 속에서 즐거운 한때를 보냈다. 총동창회는 나에게도 매우 뜻깊은 경험이었다. 참가자들 한 명 한 명과 직접 대화를 나누며 그들의 인생, 결혼, 연애에 대한 고민을 들어주고 나름의 답을 들려준 소중한 시간이었기 때문이다.

다시 해를 바꿔 2025년 첫 번째 〈나는 절로〉는 하동 쌍계사에서 진행했다. 특별히 이날 행사에는 대한불교조계종 총무원장 진우 큰스님이 동참해 주셨다. 사실 쌍계사는 2024년부터 〈나는 절로〉 개최를 희망해 왔는데, 기존에 잡혀 있던 일정을 소화하느라 2025년에야 비로소 함께할 수 있었다. 차(茶)의 성지인 하동에서 열린 행사인 만큼 이번에는 '차'나 '다'씨 성을 가진 연예인 이름으로 참가자들 가명을 지었다. 지리산의 대자연을 감상하며 차 문화도 체험할 수 있는 일석이조의 시간이었다.

2025년 7월에 두 번째로 열린 〈나는 절로〉 봉선사 편은 연꽃 속에서 피어나는 사랑을 주제로, 사찰음식 명장 1호 선재 스님과 함께 사찰음식을 체험하고 즐기는 콘셉트로 재미있게 진행했다. 금융 3사(신한은행, 신용보증기금, 기술보증기금) 직원들의 요청으로 진행한 8월 한국문화연수원 편도 뜻깊은 시간이었다. 동종업계에 종사하는 사람들이 한자리에 모인 만큼 서로의 일과 고충에 대한 공감대가 커서 그 어느 때보다 화기애애한 분위기였다.

이렇듯 지금까지 〈나는 절로〉는 지역과 사찰의 특수성을 고려해 특색 있는 프로그램을 꾸려 왔다. 앞으로도 매회를 차별성 있는 특집으로 구성할 계획이다. 사람과 사람을 잇고 과거와 현재를 잇는 상생의 철학, 이를 사명감으로 여기며 한 몸 한뜻으로 노력하는 이들이 곁에 있기에 〈나는 절로〉의 내일은 지금보다 더 눈부시리라 믿어 의심치 않는다.

알 수 없는
인연의 묘함

〈나는 절로〉를 진행하면서 정말 많은 일이 있었다. 때로는 재미있고, 때로는 감동적이고, 때로는 '인연'의 의미를 다시금 생각해 보게 하는 에피소드가 무궁무진했다. 시간순으로 몇 가지 기억에 남는 에피소드를 소개한다.

〈나는 절로〉는 버스를 타는 순간부터 시작이다. 각자 가명이 적힌 이름표를 목에 걸고 자리를 정하기 위해 번호표를 뽑는다. 그런 다음 자리에 앉아 진행자의 사회로 간단한 일정 안내와 자기소개, 질의응답이 이어진다. 언젠가 한 여성 참가자가 자리에 앉자마자 물었다. "다음에 또 신청해서 와도 되나요?" 이에 진행자가 재치 있게 답을 했다. "남성 참가자분들 분발합시다. 시작부터 이러면 안 되잖아요." 또 한 번은 남성 참가자가 "절에서는 몇 시에 자나요?" 하고 묻는 말에 진행자가 "이건 아주 부적절한 질문이에요. 어떻게 지금 잘 생각부터 하세요? 집중합시다" 하고 유머러스한 답을 내놓아 온통 웃음바다가 된 적도 있다.

〈나는 절로〉의 무대가 대부분 산중에 있는 전통 사찰이다 보니 차를 타고 이동하는 데 꽤 시간이 걸린다. 그래서 중간중간 휴게소에 들러 쉬었다 가곤 하는데, 그때마다 새로 자리 뽑기를 해서 짝을 바꾼다. 초면인 사람들끼리 두루두루 안면을 트고 짧게나마 첫인상을 나눠 보라는 취지로 그렇게 한 것이다. 그런데 언젠가 한 남녀가 서로 마음에 들었던지 계속 같이 앉아서 가고 싶다고 말한 적이 있다. 간절함이 통했는지 기적처럼 계속 같은 자리를 뽑게 되었고, 두 사람은 결국 최종 커플이 되어 지금껏 연인으로 잘 지내고 있다. 어쩌면 이들은 언제 어디선가 만나게 될 인연이 아니었을까 싶다. 그 계기가 〈나는 절로〉였다는 게 그저 고맙고 행복할 따름이다.

이동 중에 진행하는 자기소개도 무척 재미있다. 서로 다른 직업, 나이, 생활 환경을 가진 사람들이 자신을 어필하기 위해 노력하는 모습은 긴장감 가득하면서도 아름다운 광경이다. "〈나는 절로〉에 오니 어깨춤이 절로 설로!", "(절에서 만난 언니와 형부처럼) 저도 신랑 찾아 돌아갈게요", "예쁜 젊은 엄마가 되고 싶어요!"라며 재기발랄한 멘트를 날리는 사람이 있는가 하면, 수줍음을 이겨 내고 차분히 자신의 매력을 발산하는 사람도 있다. 유쾌한 4행시, 사랑스러운 노랫말, 멋진 춤사위 등 각자 준비해 온 콘텐츠로 저만의 개성을 선보이는 이들과 함께하다 보면 아무리 먼 거리라도 찰나처럼 느껴질 만큼 지루할 틈이 없다.

하지만 뭐니 뭐니 해도 〈나는 절로〉를 진행하면서 가장 인상 깊은 에피소드는 단연 커플 매칭이다. 프로그램 목적이 그러하니 당연한 소리가 아닌가 싶겠지만 그렇지 않다. 여기서 말하는 커플이란 '전혀 예상치 못한 커플'의 탄생을 의미한다.

〈나는 절로〉에는 회당 열두 명 안팎의 남녀가 참가한다. 거기에 많은 취재진이 동행하는데, 간혹 이 외부인(?)과 참가자 사이에 장밋빛 기류가 발생할 때가 있다. 시작은 전등사 편이었다. 취재를 온 한 여성 기자가 본인의 이상형이라며 한 남성 참가자를 소개해 달라고 부탁해 온 것이다. 생각지도 못한 일이라 난감하고 어떻게 해야 좋을지 몰라 흐지부지 넘어가고 말았는데, 이후로도 비슷한 일이 반복되었다.

특히 낙산사 편에서 여러 참가자와 기자, 심지어 기자와 기자 사이에 스파크가 튀었다. 비록 의도한 바는 아니었지만, 어쨌든 〈나는 절로〉가 계기가 되어 이런저런 인연이 맺어지게 되었으니 반가운 일이 아닐 수 없다. 사람과 사람이 만나는 시절인연이란 이토록 오묘하고 예측 불가능한 일인가 보다.

이 가운데 최고의 예외 커플은 백양사 편에서 나왔다. 사찰음식을 체험하러 이동하던 중 한 여성 참가자가 진행자에게 다가와 취재차 온 모 신문사 기자를 소개해 달라고 했다. 진행자는 조심스레 기자에게 그녀의 뜻을 전했다. 출발할 때부터 같은 버스에 올라 자기소개 등의 과정을 지켜보았던 기자는 당황한 눈치였다. 여성의 나이가 자신보다 일곱 살이나 많다는 사실도 조금 마음에 걸리는 듯했다. 하지만 "이것도 인연인데, 인사라도 나눠 보세요"라는 진행자의 진심 어린 제안에 두 사람은 프로그램 쉬는 시간에 대화를 나누게 되었고, 모든 일정을 마치고 서울로 돌아온 뒤 연인 사이가 되었다. 이후 두 사람이 함께 사회복지재단 사무실을 찾아와 인사를 전하기도 했다.

지금껏 소개한 일화 외에도 다양한 이야깃거리가 있다. 먼저 참가한 후배의 제안으로 다음 회차에 직장 상사가 참가한 적도 있고, 바늘구멍만큼 낮은 확률을 뚫고 친한 친구 두

명이 동시에 참가자로 선발되는 행운을 누리기도 했다. 취재를 왔던 기자가 다른 출입처의 직원에게 추천해 참가한 사례도 있다. 2025년 초에 진행한 〈나는 절로〉 쌍계사 편에서는 이미 결혼한 부부의 친구들이 참가해 커플이 되었다. 놀라운 반전은 두 사람이 쌍계사에 오지 않았더라도 부부가 이들을 서로에게 소개해 줄 계획이었다는 것이다. 가만 보면 〈나는 절로〉는 꼭 남녀만이 아니라 다채로운 인연을 만드는 데도 기여하고 있는 듯하다. 커플 매칭 성공률과 별개로 이것만으로도 의미 있는 일이 아닐까 한다.

총무원장 스님은
히트메이커

대한불교조계종 총무원장은 당연직으로 사회복지재단의 이사장을 겸한다. 그간 〈나는 절로〉가 전 국민적 관심을 받기까지 여러 사람의 지지와 지원이 있었지만, 무엇보다 총무원장 진우 스님의 응원과 격려가 큰 힘이 되었다.

특히 공전의 히트를 기록한 〈나는 절로〉 백양사 편은 총무원장 스님의 도움으로 성황리에 치러질 수 있었다. 스님은 자신의 출가본사인 백양사에서 행사를 진행해 보자며 먼저 제안해 주셨고, 물심양면으로 준비 과정에서 힘을 보태 주셨다. 그리고 2024년 초가을, 하동 쌍계사가 〈나는 절로〉를 함께 하고 싶다는 의사를 전해 왔을 때 총무원장 스님은 예상치 못한 말씀을 꺼내셨다.

"매년 쌍계사 차문화축제에 참석하고 있어요. 내년에 일정이 된다면, 나도 그 자리에 참석하면 좋겠네요." 당시 2024년 일정은 이미 정해져 있었던지라 자연스럽게 해를 넘겨 2025년 첫 〈나는 절로〉를 쌍계사에서 진행하게 되었다. 차문화축제에 맞춰 따뜻한 4월 중순 무렵으로 일정을 잡았다.

쌍계사는 수행, 차(茶), 범패(梵唄)의 성지이다. 쌍계사 금당에는 조계종 수행 전통의 뿌리라고 할 수 있는 육조혜능 대사의 정상(두상)이 모셔진 탑이 있는데, 통일신라 때 모셔 왔다는 전설이 있다. 석가모니 부처님의 가르침이 중국 선종 초조 보리달마 대사로부터 육조혜능 대사까지 여섯 명의 조사에게 이어졌고, 그 법맥이 다시 한국의 쌍계사로 전해진 것이다. 금당 좌우에 있는 선원은 예로부터 수많은 고승대덕을 배출한 수행처로 지금도 많은 스님이 가행정진하고 있다.

또한 쌍계사 팔영루(八詠樓)는 한국 불교 음악의 본산지다. 중국에서 불교 음악을 들여온 진감 선사가 섬진강에서 뛰노는 물고기를 보고 우리 문화에 걸맞은 8음률, 즉 범패를 만들어 불교 음악을 작곡하고 가르치던 곳이다.

쌍계사는 차와도 떼려야 뗄 수 없는 깊은 인연이 있는 사찰이다. 통일신라 828년, 당나라 사신으로 갔던 김대렴이 차의 종자를 가져와 왕명으로 지리산 화개 일대에 차나무를 심었고 이로써 쌍계사 계곡 아래는 우리나라 차 시배지가 되었다. 이렇듯 하동 쌍계사는 불교는 물론, 한국의 전통과 역사가 살아 숨 쉬는 복합문화 성지라고 할 수 있다.

약속대로 총무원장 진우 스님은 차문화축제에 참여한 뒤 〈나는 절로〉 일정을 함께하셨다. 한복을 차려입고 들뜬 마음으로 입재식에 참석한 사람들에게 스님은 따뜻한 인생 조언과 가슴에 와닿는 법문을 들려주셨다. 그날 총무원장 스님이 해 주셨던 말씀은 현장에 있던 사람들만이 아니라 오늘을 살아가는 모든 이들에게 귀감이 될 만한 이야기이기에, 여기에 짧게 그 내용을 정리해 소개한다.

> 사람과 사람 사이의 관계에서 가장 중요한 게 서로를 향한 '공감'입니다. 남녀가 인연을 맺는 것도 마찬가지예요. 공감한다는 건 온전히 그 사람이 되어 본다는 뜻입니다. 결코 쉬운 일이 아니지만 노력하면 아주 불가능한 일은 아니에요. 제가 추천하는 방법은 바로 선(禪) 명상입니다. 명상을 통해 내면의 힘을 기르면 상대방의 감정을 이해하고, 그의 노력을 인정하

고, 그의 입장이 되어 볼 줄 아는 지혜가 생겨나요. 그러면 자연스럽게 상대 또한 나를 편안하게 느끼고 결국에는 마음이 통해 앞으로 인생을 같이할 수 있는 도반을 만날 수 있습니다. 뿐만 아니라 고요하고 차분해진 마음에서 샘솟는 깊은 통찰력은 삶을 바꿔 나가는 원동력이 되어 주지요. 이전에 명상을 경험해 보지 않았다면 조금 낯설고 어색할 수 있지만, 단 5초라도 아무것도 하지 말고 편안히 숨을 쉬면서 마음을 고요하게 해 보세요. 명상이 익숙해질수록 조금씩 내 삶이 나아지는 걸 스스로 느낄 거예요.

끝으로 총무원장 스님은 〈나는 절로〉 쌍계사 편에 참가한 이들이 모두 원하는 바를 성취하길 바란다는 덕담을 전하셨다. 더불어 이 뜻깊은 프로그램을 통해 소중한 인연을 맺은 선남선녀들이 저출산 문제에 더 많이 관심을 가지고, 자비로운 마음을 사회 곳곳에 널리 퍼뜨리길 기원한다고 말씀하셨다. 스님은 법문이 끝난 뒤에 참가자 한 명 한 명을 직접 격려하고 귀한 선물도 나눠 주셨다.

쌍계사 주지 지현 스님은 "1,300년 역사를 가진 선(禪)·교(敎)·율(律)·차(茶)·범패의 성지 쌍계사에서 총무원장 진우 스님을 모시고 〈나는 절로〉를 진행할 수 있어 영광입니다. 오늘 여기 오신 여러분들을 진심으로 환영하며, 비록 짧은 일정이지만 역사와 문화가 깃든 도량에서 부처님 가피로 인생의 좋은 인연을 만나길 바랍니다"라며 환영의 인사를 건네셨다.

총무원장 스님과 주지스님이 북돋아 준 기운 덕분이었는지, 〈나는 절로〉 쌍계사 편에서는 역대 최고인 총 아홉 쌍의 공식 커플이 탄생했다. 결과가 좋으니 실무자들도 덩달아 힘이 났다. 외부의 관심과 사랑만큼이나 불교계 어른스님들의 관심과 격려 역시 실무자들에게 큰 힘이 된다는 사실을 쌍계사 편을 통해 다시 한번 확인할 수 있었다.

든든한
사랑의 후원자들

내가 종종 실무자들에게 입버릇처럼 하는 말이 있다. "실패하는 습관을 버립시다." 실패를 거듭했던 습관과 사고방식을 버려야 앞으로 더욱 발전하고 한 걸음 더 전진할 수 있기 때문이다. 이 말을 그저 잔소리처럼 흘려듣지 않고, 어려운 조건에서도 더디지만 조금씩 발전해 나가는 직원들을 볼 때면 흐뭇한 마음과 감사한 마음이 동시에 든다.

모름지기 어떤 일을 원만하고 여법하게 진행하기 위해서는 모든 관계자의 마음을 한데 모으는 것이 가장 중요하다. 이는 수많은 사업의 성공·실패 사례에서 공통으로 확인할 수 있는 사실이다. 고맙게도 〈나는 절로〉 업무를 진행하는 동안 재단과 사찰의 실무자들, 참가자들, 취재 기자들이 어긋남 없이 서로 화합하며 매 행사를 안정되게 진행해 왔다. 사소한 사고 하나 없이 행사가 이어져 온 데 다시 한번 모든 관계자 여러분에게 감사의 인사를 전한다.

내부 구성원들의 합심 외에 〈나는 절로〉를 뒷받침하는 든든한 후원자가 있다면 단연 사찰의 주지스님들이다. 이분들의 열렬한 환영과 지원이 아니었다면 결코 지금과 같은 〈나는 절로〉는 없었을 것이다. 핵심 요소 중 하나인 '절'이라는 무대에서 프로그램을 진행하기도 어려웠을 것이거니와 한다손 치더라도 제약이 이만저만 아니었을 테다. 새삼 늘 부처님과 같은 자비로운 미소로 우리를 반겨 주던 스님들 얼굴이 새록새록 떠오른다.

특별히 기억에 남는 분은 장성 백양사 주지 무공 스님이다. 백양사는 만암 큰스님과 서옹 큰스님의 수행 가풍이 살아 있는 한국불교 대표 수행 도량으로서, 특히 가을 단풍이 아름답기로 유명하고 봄에는 고불매로 불리는 매화나무가 눈길을 사로잡는 곳이다. 일전에 답사차 백양사에 들러 주지스님을 뵙고 프로그램 취지를 설명드린 적이 있는데, 스님은 마치 자기 일처럼 반가워하셨다. "진작에 이런 걸 해야 했는데, 너무 반갑네요. 이렇게 좋은 일을 하는데 두말할 것 있나요. 도울 수 있는 일이라면 뭐든 열심히 도와야지요. 걱정하지 말고 오세요. 필요한 게 있으면 뭐든지 말씀하시고요."

스님은 사비를 털어서라도 커플 데이트 비용을 줄 테니, 가능한 한 많은 커플이 맺어지도록 애써 달라며 신신당부까지 하셨다. 실제로 무공 스님은 공식 커플이 된 일곱 쌍에게 금일봉을 전하셨고, 일정이 끝난 뒤 비공식 커플이 된 두 쌍에게도 추가로 데이트 비용을 건네셨다. 스님의 간곡한 바람 덕분인지 백양사에서 맺어진 커플들은 지금까지 좋은 인연을 이어 가고 있다.

개중에는 결혼을 앞둔 커플도 있다. 〈나는 절로〉 공식 2호 예비부부가 오는 11월에, 3호 예비부부가 내년 6월에 결혼식을 올린다(1호 예비부부는 낙산사 편 참가자로 오는 10월 19일에 결혼한다). 무공 스님이 각별히 살펴 주신 결과가 아닌가 한다. 가끔씩 그분들 얼굴이 떠올라 나도 모르게 미소를 짓곤 하는데, 하루빨리 백년가약을 맺는 그날이 와 기쁜 마음으로 무공 스님께 소식을 전할 수 있길 바란다.

하동 쌍계사 주지 지현 스님의 배려 또한 잊을 수 없다. 지현 스님 역시 무공 스님의 이야기를 들으시곤 흔쾌히 데이

트 비용을 지원해 주셨다. 덕분에 참가자들은 차 문화를 체험하며 여유롭게 데이트를 즐길 수 있었다. 이때도 총 아홉 커플이 지현 스님으로부터 금일봉을 받았다. 꼭 용돈 때문만이 아니라 스님의 따뜻한 마음씨에 다들 너무 행복해했던 기억이 난다.

강화도 전등사 주지 여암 스님도 생각난다. 2024년 봄, 꽃으로 장엄된 전등사에서 여법하게 진행된 〈나는 절로〉는 이후 프로그램의 방향성을 잡아 준 초석과도 같았다. 전등사에서 받은 좋은 기운이 1년 내내 이어져 후속편들이 모두 무탈하게 잘 풀렸던 듯싶다. 여암 스님은 참가자 한 명 한 명과 눈을 맞춰 가며 그들의 고민을 들어주고 주옥같은 인생의 조언을 해 주셨다. 그 덕에 한결 마음이 편안해진 참가자들이 그 어느 때보다 적극적으로 프로그램에 임할 수 있었다. 나중에 참가자들을 다시 초대해 1박 2일 템플스테이를 열어 주셨다는 말을 듣고 속으로 얼마나 감동하고 또 스님께 고마워했는지 모른다.

연꽃 속에서 피어난 사랑을 주제로 열린 봉선사에서의 〈나는 절로〉도 성황리에 진행되었다. 봉선사 주지 호산 스님은 '현커(현실 커플) 지원금'은 물론 결혼을 할 경우 200만 원 상당의 혼수 선물을 해 주기로 약속하셨다.

이 밖에도 양양 낙산사와 서울 화계사, 공주 한국문화연수원의 스님들도 물심양면으로 지원을 아끼지 않으셨다. 세세한 내용을 일일이 다 언급하지 못하는 게 죄송할 따름이다. 이렇듯 여러 스님의 도움으로 〈나는 절로〉는 꾸준히 이어질 수 있었다. 항상 그분들의 마음을 잊지 않고 간직하여 불교와의 좋은 인연, 남녀 간의 좋은 만남이 앞으로도 계속될 수 있도록 최선을 다하겠다. 다시 한번 스님들의 배려와 지지에 감사의 합장 삼배를 올린다.

나를
욕심 나게 하는 사람들

〈나는 절로〉가 활성화되고 널리 알려지면서 많은 사람에게 문의를 받고 있다. 절에서 만나는 신도들은 물론이고, 내가 근무하는 종단 관계자들을 비롯해 다양한 인연으로 알게 된 사람들이 '참가 민원'을 넣고 있다. 시대가 시대인지라 SNS를 통해 말을 걸어오는 분들도 있다.

  그때마다 나는 사과하느라 바쁘다. "죄송합니다. 원칙과 절차에 따라 하는 일이라 제가 어떻게 할 수가 없어요." 거듭 사과를 할 때마다 한편으로는 미안한 마음이 들면서도 한편으로는 뿌듯한 마음을 감출 길이 없다. 그만큼 〈나는 절로〉가 잘 굴러가고 있다는 얘기일 테니 말이다.

그동안 〈나는 절로〉를 진행하면서 들었던 수많은 사연을 돌이켜 보건대, 어느 노부부가 보내온 자필 편지가 제일 먼저 떠오른다. 한 자 한 자 정성껏 써 내려간 편지글을 보며 얼마나 많은 생각이 들었는지 모른다. 한시도 이 일을 허투루 해서는 안 되겠다는 사명감이 가슴속에 빼곡히 들어찼다.

묘장 스님께

스님, 안녕하세요? 저는 미혼녀 자식을 둔 불자입니다. 스님과 일면식도 없는 제가 이렇게 편지로 인사드리는 것이 결례가 되지 않을까 많이 걱정됩니다. 그럼에도 딸의 혼사 문제가 절박하다 보니 이렇게 펜을 들었습니다. 자식을 둔 세상 모든 부모님의 심정이 저와 같지 않을까 생각합니다. 저는 슬하에 아들 하나 딸 하나를 두고 있습니다. 다행히 아들은 2021년에 결혼해서 두 살배기 손자를 두었지만, 딸은 아직 제 짝을 찾지 못해서 저희 부부는 늘 애타는 심정으로 지내고 있습니다. 그러던 차에 조계종 사회복지재단에서 미혼남녀를 짝지어 주는 프로그램을 운영한다는 소식을 듣고는 눈이 번쩍 뜨였습니다. 묘장 스님께서 이 프로그램을 주관하고 계시다는 걸 알게 되었고, 또 참가 신청자가 몰려서 경쟁이 치열하다는 얘기도 들었습니다. 모쪼록 저희 딸에게 프로그램에 참가할 수 있는 행운이 찾아오기를 바라는 염원으로 스님께 편지를 띄웁니다. (…) 자식을 둔 모든 부모가 그렇듯이 심성 곱고 건강하고 반듯하게 자라 준 딸이 저는 무척 자랑스럽습니다. 결혼이 늦은 것 말고는 지금껏 부모 마음을 상하게 한 적이 없는 착한 딸입니다. 다만 부모를 닮아서인지 연애에는 소질이 없는 것 같습니다. (…) 근래에 결혼 연령이 대체로 늦어졌다고는 하지만 적령기를 넘긴 딸 때문에 마음이 급해지다 보니 무례함을 무릅쓰고 급하게 몇 글자 적어 올립니다. 아울러 한 가지 부탁드리고 싶은 말씀은, 결혼 적령기에 도달한 30대 남녀를 위한 시간을 더 많이 만들어 주시면 감사하겠습니다. 여러 일로 고단하시겠지만 프로그램 횟수를 더 늘려 주신다면 좋겠습니다.

나는 이 편지를 사무실 직원들에게 돌려 모두가 한 번씩 읽어 보도록 했다. 지금 우리가 하는 일이 얼마나 가치 있는 일인지, 우리의 작은 노력이 누군가에게 얼마나 큰 배려가 될 수 있는지를 실무자들이 직접 체감하길 바라는 마음에서였다. 나는 〈나는 절로〉의 미래가 구성원 개개인이 이 일에서 얼마나 큰 보람과 의미를 찾느냐에 달려 있다고 믿어 의심치 않는다. 나 역시 마찬가지다. 그래서 지금도 나는 노부부의 편지를 사무실 책상 서랍에 넣어 두고 틈틈이 꺼내서 읽어 보곤 한다. 게으름과 나태함을 경계하는 일종의 죽비 삼아 말이다.

또 하나 기억나는 사연이 있다. 어느 '돌싱' 분의 참가 신청이었다.

> 안녕하세요. 묘장 스님! 저는 ㅇㅇㅇ입니다. 어떻게 연락을 드릴까 방법을 찾다가 SNS로 메시지를 보냅니다. 이번에 스님께서 진행하는 〈나는 절로〉에서 40대 특집을 진행한다는 소식을 듣고 저도 한 번 용기를 내 보려고요. 저는 흔히 말하는 돌싱입니다. 이혼한 지 9년 차이고 자녀는 없습니다. 그동안 노력하지 않았던 건 아니지만, 이혼 후에 자존감도 많이 떨어지고 심적으로 많이 위축되다 보니까 새롭게 누군가를 만나기가 어려웠던 게 사실입니다. 이전부터 〈나는 절로〉를 알고 있었지만 선뜻 나서지 못하다가, 이번 기회가 어쩌면 저에게 좋은 시절인연일 수 있겠다는 생각이 들어서 작은 용기를 내 봅니다. 혹 이번 기회에 함께할 수 없더라도, 언젠가 꼭 한 번 '돌싱 특집'도 마련해 주시길 청해 봅니다.

이 편지를 읽고 공감하는 바가 컸다. 〈나는 절로〉의 궁극적 목적이 저출산 해결을 위한 만남 주선이라면, 그것이 굳이 젊은 세대들만의 전유물일 필요는 없다. 가능한 범위 내에서 참가자의 연령대와 조건을 확장할 필요가 있겠다는 생각이 들었다. 당장 모든 사람의 요구를 들어줄 형편은 못 되지만, 어려운 환경에 있는 이들을 위해 조금씩 외연을 확장해 볼 계획이다.

언젠가 〈나는 절로〉 참가 신청자와 SNS 메신저로 짧게 대화를 주고받은 적이 있다. 합격자 통보 날이 되었는데도 연락을 받지 못한 어떤 분이 아쉬움을 뒤로한 채 감사 인사를 전해 왔다. 나로서도 어쩔 도리가 없는지라 그저 심심한 위로의 말을 전할 수밖에 없었는데, 잠시 후 다시 메시지가 날아왔다. "스님, 방금 취소자가 나와서 저 합격했대요. 대박!" 이 짧은 문장에 담긴 기쁨의 마음이 얼마나 생생하게 전해지던지, 덩달아 나도 모르게 따라 외쳤다. "대박!!"

요즘은 어딜 가도 사람들이 제일 먼저 〈나는 절로〉에 대해 묻는다. 참가 신청을 부탁하는 사람도 많다. 그때마다 나는 번거롭게 여기기보다 이들의 말을 화두 삼아 마음을 다진다. 더 많은 사람이 행복할 수 있는 방법이 무엇일까? 만약 나에게 그럴 능력이 있다면 가능한 한 더 많은 사람에게 '대박'을 선물하고 싶다. 욕심을 좀 부려 보고 싶다.

자비 안에서 만남 추구

〈나는 절로〉를 비롯한 사회복지재단의 다양한 사업을 성공적으로 진행할 수 있었던 이유 중 하나는 바로 언론의 큰 관심이 있다. 이찌 보면 소소한 일로 볼 수 있음에도 항상 신경 써서 소식을 전해 주는 언론인들에게 어떻게 감사의 마음을 전해야 할지 모르겠다. 그 덕에 〈나는 절로〉가 알려지면서 국내외 여러 방송 매체에 출연하는 뜻밖의 호사를 누리고 있다. 처음 해 보는 경험이 때로는 재밌고 때로는 어색할 때도 있지만, 이것도 다 부처님이 만들어 준 좋은 인연이라 생각한다.

첫 번째로 떠오르는 기억은 2024년 5월 뉴진 스님(코미디언 윤성호의 부캐), '꽃스님'으로 유명한 범정 스님과 함께 KBS 라디오 〈뉴스레터 K〉에 출연한 일이다. '핫한 스님 특집'으로 두 스님과 나를 초청해 보이는 라디오 형식으로 방송을 진행했다. 워낙 유명한 분들이라 함께하는 것만으로도 특별한 시간이었지만, 무엇보다 각자 분야에서 열심히 활동하고 있는 이야기를 나눌 수 있어서 즐거웠다. 지금도 가끔 뉴진 스님과 범정 스님을 만나면 반갑게 인사를 나누며 서로를 격려한다.

두 번째로 기억이 나는 일은 일간지 기자의 〈나는 절로〉 참여이다. 개인적으로 친분이 있는 한 언론사 사장님과 점심 공양을 함께한 적이 있다. 그때 문화부장도 배석했는데, 이야기의 중심은 단연 〈나는 절로〉였다. 사장님이 "그것참 재밌는 아이템이네요. 취재를 해 봐도 좋겠습니다"라는 뜻을 밝혔고, 며칠 뒤 문화부장을 통해 취재 제안이 왔다.

"스님, 다가올 〈나는 절로〉 프로그램을 밀착 취재했으면 하는데 괜찮을까요?"

"물론이지요. 그런데 밀착 취재 말고, 기자님이 직접 프로그램에 참여해 보는 건 어떤가요?"

나는 문화부장에게 역제안을 건넸다. 이후 기자 한 분이 참가 신청서를 제출했다. 프로그램 취재라는 명분이 있긴 했지만, 그렇다고 다른 신청자들과 달리 특혜를 줄 수는 없는 노릇이라 심사 과정에서 나는 최대한 말을 아꼈다. 결과적으로 기자가 참가자로 선정되었는데, 혹시 모를 다른 참가자들의 불편함을 방지하기 위해 전체 참가자 단톡방에 본인의 참가 취지를 설명하도록 했다.

기자는 여느 참가자 못지않게 열정적으로 프로그램에 임했다. 1박 2일 내내 연하의 남성 참가자와 좋은 시간을 보냈다. 그 후 〈나는 절로〉의 생생한 현장 분위기를 담은 기사가 나왔다. 제목부터 좋았다. '자비 안에서 만남 추구'. 〈나는 절로〉의 내용과 본인의 느낌이 잘 버무려져 많은 사람에게 호응을 얻은 기사로 기억에 남는다.

세 번째는 MBC 라디오 프로그램 〈여성시대〉 출연이다. 추석 연휴에 〈나는 절로〉 실무자와 함께 출연해 1시간 정도 생방송을 진행했는데, 진행자인 가수 양희은·아나운서 김일중 씨와 '오디오가 끊기지 않을' 만큼 유쾌한 대화를 나누었다. 두 진행자 모두 〈나는 절로〉가 만들어진 과정, 다양한 에피소드를 진심으로 신기해하고 재밌어했다. 심지어 양희은 씨는 김일중 씨를 〈나는 절로〉 진행자로 추천하기도 했는데, 비용 이슈로 성사되지 못한 것이 못내 아쉽다.

네 번째는 2025년 초 MBC 예능 프로그램 〈선을 넘는 클

래스〉와 〈놀면 뭐하니?〉 출연이다. 두 프로그램에 출연하게 된 사연은 우연과 인연의 연속이었다. 먼저 제안이 온 건 〈선을 넘는 클래스〉였다. "조선 시대 왕들의 사랑 이야기를 다루려고 하는데, 방청객으로 〈나는 절로〉 출연자들을 섭외해 줄 수 있을까요?"라고 물어 왔다. 물론 좋다고 했다. 그러면서 나는 짧게 〈나는 절로〉를 아이템으로 추가해 보면 어떻겠냐고 제안했다.

서로 협의가 잘 되어서, 내가 머무는 연화사에서 촬영을 하게 되었다. 그날 방송의 주제는 정조와 연산군이었는데, 마침 연산군의 어머니 폐비 윤씨의 원찰이 연화사였으니 이 또한 깊은 인연이었다. 감칠맛 나는 조미료처럼 〈나는 절로〉가 적절하게 스며든 이날 촬영은 기대 이상으로 잘 마무리되었고, 정규 방송에서도 시청자의 이목을 집중시켰다.

며칠 후 다른 인연이 찾아왔다. 〈놀면 뭐하니?〉에서 연락이 온 것이다. 앞선 방송을 인상 깊게 본 작가와 제작진이 '달달한 미식가' 특집에 출연해 달라며 요청해 왔다. 나는 유구한 불교의 차(茶) 문화를 소개하면서, 여기서도 〈나는 절로〉를 비롯한 사회복지재단의 다양한 이야기를 풀어냈다. 그런데 출연진들이 원래 주제보다 〈나는 절로〉에 더 관심을 보이는 웃지 못할 상황이 벌어졌다.

실제로 녹화가 끝난 후에 작가들에게 '나는 절로' 특집을 제안받았다. 이에 곧바로 준비를 시작해 3월 초 강화도 전등사에서 유재석, 하하, KCM, 허경환, 주우재, 이이경, 진주, 미주 등이 참석한 가운데 '나는 절로, 전등사'를 촬영했다. 이전 '달달한 미식가' 특집을 찍을 때 가수 KCM 씨가 "스님, 혹시 결혼하셨나요?" 하고 묻는 말에 적잖이 당황했던 기억도 떠오르고, 또 많은 슈퍼스타와 함께 예능 방송을 촬영하자니 사뭇 긴장되었지만 끝까지 집중해서 촬영에 임했다.

당대 최고의 방송 프로그램들에 출연해 〈나는 절로〉를 소개할 수 있었던 것은 큰 영광이자 잊지 못할 추억이다. 앞서 이야기한 방송들 외에도 수많은 언론과 방송에서 〈나는 절로〉에 관심을 보이고 소식을 다뤄 주었다. 또 『Los Angeles Times』, 『NHK』, 『DER SPIEGEL』 등 여러 해외 언론에도 보도되었다. 이처럼 많은 사람의 기대를 저버리지 않기 위해서라도, 좋은 인연을 만들어 주는 일을 게을리하지 말아야겠다는 생각이다.

벽을 허무는
힙한 불교

2024년 마지막 〈나는 절로〉를 앞둔 시점, 콘셉트를 잡기가 쉽지 않았다. 대주제는 '총동창회'로 결정했지만, 이를 표현할 적절한 카피 문구가 떠오르지 않았다. 그러다 문득 떠오른 말이 있다. '눈[目. 雪] 맞으러 가자.' 겨울의 이미지와 잘 어우러지는 이 문구와 함께 한 해의 마지막 프로그램이 시작되었다.

    12월 14일 전국 각지에서 모인 참가자들과 함께 공주 한국문화연수원에서 동창회를 열었다. 고정 순서인 사회복지재단 소개, 자기소개 시간을 거쳐 '이심전심 인생상담소'를 통해 참가자들과 소통하는 시간을 가졌다. 이어서 저녁 공양을 하고 레크리에이션까지 마치니 하루가 훌쩍 지나가 버렸다.

그런데 첫날 일정을 마치고 숙소로 돌아가기 위해 문을 열자 바깥에 뜻밖의 손님이 와 있었다. 바로 눈이었다. 새하얀 함박눈이 태화산을 휘감고 있었다. 홉사 총동창회를 축하해 주러 온 듯 소복이 쌓인 눈을 못 본 체 지나칠 수 없어서, 동심으로 돌아가 다 같이 운동장으로 뛰어나가 눈사람을 만들고 눈싸움도 하며 신나게 뛰어놀았다. 한바탕 뛰어놀고 나니 '부처님께서 마지막까지 〈나는 절로〉를 살펴 주시는구나' 하는 생각이 들어 감사하고 또 감사한 마음뿐이었다. 그렇게 눈부신 하루, 한 해가 저물어 갔다.

2024년에 진행한 〈나는 절로〉는 실로 대단했다. 대한불교조계종과 사회복지재단 역사에서 '역대급'이라는 평가가 이어졌다. 매회 새로운 콘텐츠를 개발하고 적절한 홍보를 병행하면서 날로 호응과 참여도가 높아졌다. 꽃과 함께한 전등사 편에 337명, 신록을 느끼며 진행한 한국문화연수원 편에 248명, 여름 바다를 배경으로 마련한 칠월칠석 특집 낙산사 편에 1,501명, 40대 특집으로 꾸려진 화계사 편에 375명, 가을 단풍 및 사찰음식과 함께한 백양사 편에 947명이 지원해 총 3,408명의 청춘이 〈나는 절로〉의 문을 두드렸다.

대중의 관심은 이듬해까지 이어져 2025년 첫 행사인 쌍계사 편에도 1,332명의 지원자가 몰렸다. 더불어 다양한 연령과 계층으로 프로그램을 확대해 달라는 요청도 빗발쳤다. 전국 지자체에서 협업을 문의해 오고 해외 언론에서 취재를 오는 등 2024년을 기점으로 〈나는 절로〉는 명실상부 대한민국 대표 문화콘텐츠로 자리매김했다.

가끔 나는 자문한다. 〈나는 절로〉가 성공할 수 있었던 원동력은 무엇일까? 가장 큰 이유는 기존의 틀을 깨고 적극적으로 현실에 다가서려 했기 때문일 것이다. 전등사 편과 총동창회에 참가한 뒤로 재단과 꾸준히 인연을 이어 오고 있는 한 참가자의 말에서도 이를 실감할 수 있다. "사찰과 스님에 대한 신뢰도, 재미있는 프로그램, 맛있는 음식과 차 등 제반 요소가 한데 어우러져서 시너지 효과를 내는 것 같아요. 하지만 그게 핵심은 아니에요. 사람들이 정말 필요로 하는 것, 혼자서 해결하기 어려운 일에 손 내밀어 주었던 것이야말로 진짜 성공 요인이라고 생각합니다."

사실 요즘 한국불교에는 〈나는 절로〉뿐만 아니라 청춘들의 마음을 사로잡은 프로그램이 많이 있다. 사회복지재단이 핵심 사업으로 진행한 〈청년밥心〉도 그중 하나다. 2024년 연화사에서 경희대학교 학생들에게 점심 공양을 제공한 것이 인연이 되어 올해 홍대선원과 상도선원, 개운사까지 확대된 〈청년밥심〉은 사찰이 단순히 한 끼 공양을 제공하는 곳이 아닌 몸과 마음을 보살피는 공간으로 탈바꿈하는 데 중요한 역할을 하고 있다. 청년들은 사찰에서 쉼과 평안을 얻고, 사찰은 그들의 기운을 받아 한층 젊어지고 건강해지고 있다.

국제구호단체 더프라미스와 연화사가 함께 진행하는 〈부처님 생신 카페〉에 대한 반응도 놀랍다. 부처님오신날을 기념해 다양한 이벤트를 즐기고, 그날 모은 수익금을 전 세계 이재민들을 돕는 데 사용하고자 마련한 이 행사에 해마다 많은 젊은이들이 몰리고 있다. 특히 세부 프로그램으로 운영하는 '스님의 부캐 작명소'에 대한 관심이 폭발적이다. 젊은 친구들의 고민을 들어주고 해결책과 함께 적절한 이름(법명)을 정해 주니, 마치 다들 큰 선물을 받은 것처럼 기뻐하던 기억이 난다.

한편 매년 열리는 〈서울국제불교박람회〉는 이제 구구절절 설명을 덧붙일 필요도 없을 만큼 많은 사람이 향유하는 문화 행사가 되었다. 종교를 떠나 남녀노소 모두에게 '힙한' 콘텐츠로 자리매김했다. 물건을 살 때 자신의 가치관, 정체성과 부합하는 제품을 선택해 선한 영향력을 행사하려는 엠지(MZ)세대의 미닝아웃(Meaning Out) 트렌드와 부합해 불교문화콘텐츠는 조금씩 젊은이들 곁으로 파고들고 있다.

불교가 '힙(Hip)'해진 이유 역시 〈나는 절로〉가 성공한 원인과 크게 다르지 않다. 낮은 진입 장벽, 넓은 포용성, 마음을 사로잡는 다채로운 콘텐츠가 뒷받침되었기 때문이다. 불교는 원래 문턱이 없는 종교다. 없던 문턱이 쌓이고 쌓여 높은 벽을 세웠다가 그것이 조금씩 허물어지니 자연스럽게 사람들이 몰려드는 것이다.

다만 지금의 이 흐름이 짧은 유행으로 끝나지 않으려면 앞으로도 한국불교는 시대적 요구에 부응하려는 노력을 지속해야 한다. 방법은 간단하다. 현실로 다가가 사람들과 나란히 걸으면 된다. 늘 길 위에서 대중들과 함께 걸었던 부처님처럼! 그 길 위에서 만나는 누구라도 다정히 손을 잡아 줄 수 있다면 언제라도 불교는 힙한 모습으로 세상에 존재할 것이다.

삶은
행복으로 가득하다

지난해 가을이었다. 생각지도 못했던 한강 작가의 노벨문학상 수상 소식은 불교계를 비롯한 우리 사회에 큰 선물이 되었다. 한강 작가의 아버지 한승원 선생이 독실한 불자인 것을 알고 있었던 터라 더욱 기쁘고 뿌듯했던 기억이다.

> 어렸을 때부터 궁금했습니다. 우리는 왜 태어났는지, 왜 고통과 사랑이 존재하는지. 그것들은 수천 년 동안 문학이 던졌고, 지금도 던지고 있는 질문들입니다. 우리가 이 세계에 잠시 머

무는 의미는 무엇일까요? 이 세계에서 우리가 끝끝내 인간으로 남는다는 건 얼마나 어려운 일일까요? 가장 어두운 밤에 우리의 본성에 대해 질문하는, 이 행성에 깃들인 사람들과 생명체들의 일인칭을 끈질기게 상상하는, 끝끝내 우리를 연결하는 언어를 다루는 문학에는 필연적으로 체온이 깃들어 있습니다. 그렇게 필연적으로, 문학을 읽고 쓰는 일은 생명을 파괴하는 행위들의 반대편에 서 있습니다. 폭력의 반대편인 이 자리에 함께 서 있는 여러분과 함께, 문학을 위한 이 상의 의미를 나누고 싶습니다. 감사합니다.

한강 작가가 밝히 수상 소감 중 일부이다. '문학'을 '불교'로 바꿔도 이상하지 않을 만큼 통찰력 있는 말이다. 한강 작가의 노벨문학상 수상 직후 출판계를 비롯한 사회 구성원 전반이 그녀의 작품에 관심을 갖기 시작했고 덩달아 이런저런 에피소드가 알려졌다. 그중 내가 가장 흥미롭게 들었던 이야기는 한강 작가가 '아이를 낳을 결심'을 했던 대목이다.

한강 작가는 2000년 『문학동네』 여름호에 실린 자전소설 「침묵」에서 "잔혹한 현실의 일들을 볼 때면 고민 없이 아이를 낳는 사람들이 무책임하게 느껴졌다"라고 말한다. 이어 "세상에 아름다운 순간들이 분명히 있고 현재로선 살아갈 만하다"

라면서도 "아이가 그 생각에 이를 때까지, 그때까지의 터널을 어떻게 빠져나올지, 과연 빠져나올 수 있을지, 내가 대신 살아 줄 수 있는 몫도 결코 아닌데 어떻게 그것들을 다시 겪게 하느냐"라고 말한다.

한강 작가의 말에 남편은 "세상에 맛있는 게 얼마나 많아. 여름엔 수박도 달고, 봄에는 참외도 있고, 목마를 땐 물도 달잖아. 그런 거 다 맛보게 해 주고 싶지 않아? 빗소리도 듣게 하고, 눈 오는 것도 보게 해 주고 싶지 않아?"라고 되물었다. 남편의 말에 웃음이 나왔다는 한강 작가는 "다른 건 몰라도 여름에 수박이 달다는 건 분명한 진실로 느껴졌다"라며 "설탕처럼 부스러지는 붉은 수박의 맛을 생각하며 웃음 끝에 나는 말을 잃었다"라고 고백한다. 결국 마음을 바꾼 한강 작가는 아들을 낳아 때로는 친구처럼 때로는 동료처럼 지내고 있다고 한다.

나는 이 대화 속에 현재 우리 사회가 겪고 있는 저출산 문제의 핵심이 다 담겨 있다고 느꼈다. 결혼하고 싶어도, 아이를 낳고 싶어도, 그러지 못하는 이유가 너무도 많다. '아이가 태어나면 마을이 키우고 동네가 기른다'라는 말은 단군 할아버지 때 얘기가 된 지 오래다.

불행 중 다행으로 지난해 말 여론조사를 보면 결혼·출

산·양육에 대한 인식이 많이 개선되었다. 저출산고령사회위원회가 진행한 조사에 따르면 미혼남녀의 결혼 의향은 65.4%로, 지난해 3월(61.0%)보다 4.4% 포인트 높아졌다. 자녀의 필요성에 대한 인식 또한 25~29세 여성의 경우 48.1%로 지난 3월(34.4%)보다 무려 13.7% 포인트 높아졌다. 남성 역시 60.7%로 3월(51.0%)보다 10% 포인트 가까이 늘었다. 2024년 우리나라 합계출산율은 0.75명으로 출생아 수가 8천 명 늘어나 23만 8천 명이었다고 한다. 작년 초 예상으로는 올해 합계출산율이 0.6명대로 떨어질 거라고 했지만, 오히려 조금 더 오른 수치(0.72명)를 기록했다. 비록 조금 나아지긴 했지만 장기적으로 볼 때 여전히 갈 길이 멀고 험하다.

불자들이 흔히 쓰는 표현 중에 '날마다 좋은 날'이라는 말이 있다. 한강 작가의 남편이 들려준 말이 바로 그런 것들 아닐까. 소소하지만 무엇과도 바꿀 수 없는 행복들이 날마다 우리 삶에는 가득하다. 그 작은 행복들을 하나하나 챙겨 나가다 보면 어느새 큰 행복이 성큼 눈앞에 다가와 있을 것이다.

2

모든 것은
인연에 의해
생기고
인연에 의해
사라진다

불교의 사랑

백 겁의 사랑
수메다와 수밋타

부처님은 이 땅에 오기 전 수많은 생을 거치면서 쉼 없는 정진과 수행을 해 왔다. 아흔한 차례 동안 우주가 생기고 없어지기를 반복하던 어느 때 데와와띠에 수메다라는 청년이 있었다. 수메다는 어려서부터 학문에 능통했고 못 하는 것이 없는 수재였지만 생사(生死)의 문제를 해결할 수 없다는 고민 끝에 수행자가 되기를 발원했다. 그러던 어느 날 한 마을을 지나다 환희로운 표정으로 길을 쓸고 있는 사람들을 만났다. 연유를 알아보니 연등 부처님이 마을에 오실 예정이어서 길을 닦고 주변을 청소하는 중이었다.

"부처님은 지혜와 복덕을 구족하신 분입니다. 가장 위대한 스승이시고 모든 번민과 고통을 여읜 분입니다. 그분께 예배하고 공양하면 어떤 소원이든 다 이룰 수 있습니다."

사람들의 설명에 수메다는 연등 부처님을 어떻게 모셔야 할지를 다시 물었다. 꽃과 향을 공양하면 된다는 답이 돌아왔다. 하지만 수메다에게는 꽃과 향이 없었다. 그때 수메다의 눈에 들어온 한 사람, 수밋타. 수밋타는 부처님께 공양하고자 활짝 핀 연꽃 일곱 송이를 가지고 온 참이었다. 수밋타는 수많은 군중 속에서 홀로 빛나는 수메다를 보고 연정을 품게 되었다. 수밋타는 수메다에게 무언가를 선물하고 싶어졌다. 마침 수메다가 필요로 하는 연꽃을 자신이 가지고 있었기에 자연스럽게 대화가 시작되었다.

"수행자님! 연꽃 다섯 송이를 드릴 테니 부처님께 공양 올리세요. 그리고 나머지 두 송이도 함께 공양 올리시되, 제 소원도 빌어 주십시오. 초라한 사슴 가죽을 걸쳤지만 당신의 눈동자는 빛나고 목소리는 구성지고 또렷합니다. 저는 당신과 인생을 함께하는 짝이 되고 싶습니다."

수메다는 반듯한 수밋타의 모습을 보고 그렇게 하겠다고 답했다. 연등 부처님 친견을 매개로 인연이 만들어진 것이다. 수메다는 꽃 공양을 올리며 연등 부처님처럼 훌륭한 수행자가 되기를 바랐고, 또 수밋타의 소원도 함께 빌었다. 수메다가 던진 다섯 송이 꽃은 부처님의 머리 위에 일산처럼 펼쳐지고 두 송이는 어깨에 드리워졌다. 수메다는 연등 부처님을 위해 목숨마저 바치고자 했다. 연등 부처님이 흙탕물을 밟지 않고 그 어떤 불편함을 느껴서도 안 된다고 생각했다. 그래서 묶었던 머리를 풀고 사슴 가죽을 펼친 뒤 나무껍질로 된 자신의 법복을 질척이는 길 위에 깔고는 반듯하게 몸을 엎드렸다.

"저도 훌륭한 부처님이 되게 해 주소서. 혼자만의 평안은 바라지 않습니다. 눈길과 발길이 닿는 곳마다 고통과 공포가 사라져 모든 이들이 행복을 누리게 하소서. 하늘 위 하늘 아래 모든 세계에서 중생을 건질 수 있는 지혜와 공덕을 갖추게 해 주소서."

수메다의 간절함을 본 연등 부처님이 말했다.

"놀라지 마라. 그대는 과거 생에 많은 지혜와 복덕을 쌓은 사람이다. 그대는 오랜 세월 자신의 재물을 가난한 이들에게 베풀고, 청정한 계율로 자신을 바로 세우며, 겸손한 자세로 모욕을 참아 내고, 올바른 목적을 위해 용맹하게 정진하며, 몸과 마음을 고요히 안정시키고, 참된 지혜를 얻으려고 끊임없이 노력한 사람이다. 그대는 수없는 삶 동안 슬픔에 잠긴 이들

을 위로하고 고통에 울부짖는 이들을 돌보며 살았던 사람이다. 그런 까닭에 나를 만나게 되었다."

연등 부처님은 수메다에게 '백 겁의 세월이 흐른 뒤 그대는 사바세계에서 부처님이 되리니 명호는 석가모니라 하리라. 오탁악세 사바세계 중생을 교화하고 그들을 해탈케 하리니 지금의 나와 같으리라'라고 수기를 내렸다. 한편 수메다와 수밋타의 대화를 들었던 연등 부처님은 둘의 인연을 그냥 지나칠 수 없었다.

"수메다야, 수밋타는 세세생생 그대와 인생을 함께하는 짝이 되어 그대가 부처님이 될 수 있도록 그대와 똑같은 열정과 행동으로 그대를 보필할 것이다. 수밋타는 생각과 말과 행동 그 모든 것에 있어서 그대를 기쁘게 할 것이니, 용모는 사랑스럽고 말씨는 달콤하며 마음은 뜨거울 것이니라. 그대가 부처님이 되었을 때, 수밋타는 그대의 제자이자 부인이 되어 그대의 정신적인 재산을 상속받을 것이며 초자연적인 정신적 능력을 갖추게 될 것이다."

연등 부처님을 보기 위해 길을 나섰던 수메다와 수밋타의 인연은 그렇게 시작되었다. 두 사람 다 오랜 세월 동안 수행해 온 결과로 새로운 인연을 만들었던 것이다. 훗날 두 사람은 석가모니 부처님과 야소다라가 되어 도반이자 수행자로서 인연을 이어 간다.

불자들이 결혼식을 할 때, 신부가 일곱 송이 꽃을 준비해 그중 다섯 송이를 신랑에게 주고 두 사람이 함께 부처님께 꽃 공양을 올리는 특별한 의식이 있다. 그 유래가 바로 수메다와 수밋타의 인연담이다. 여기에는 결혼 후에도 항상 도반으로서 살아가며, 죽더라도 좋은 인연을 맺어 부부의 연이 이어지길 기원하는 의미가 담겨 있다.

깨달음을 향한 원대한 포기
싯다르타와 야소다라

고타마 싯다르타는 석가모니 부처님이 되기 전 아버지 숫도다나왕의 기대를 한 몸에 받고 있던 왕자였다. 싯다르타의 나이가 차자 숫도다나왕은 여느 사람들처럼 왕자의 결혼을 서둘렀다. 왕위를 계승하기 위한 준비였다. 또 왕자가 더 이상 국정 운영 외의 일에 관심을 갖지 않게 하기 위한 이유도 있었다.

 아버지의 마음을 알고 있던 왕자는 '젊고 건강하며, 아름다우면서도 교만하지 않고, 삿된 생각을 하지 않고, 시부모를 자기 부모처럼 섬기고, 주위 사람 돌보기를 자기 몸처럼 하고 부지런해야 한다'라며 배우자의 조건을 제시했다.

　숫도다나왕은 왕자비 간택을 위한 일들을 진행했고 꼴리야의 공주 야소다라가 최종 후보자로 결정되었다. 그때 야소다라의 아버지 숩빠붓다가 숫도다나왕에게 역제안을 한다. 싯다르타가 야소다라를 건사할 만큼 문무(文武)를 겸비했는지 확인해야겠으니 무예 대결을 해 이를 통과한다면 결혼에 응하겠다고 말했다.

　아버지만큼이나 야소다라 역시 당찬 여인이었다. 아름다운 외모를 가졌음은 물론, 가문에 대한 자긍심이 높았으며 소신이 강했다. 숫도다나왕이 보배 노리개를 받으러 오라고 하자 "우리 집에도 보물은 충분한데 왜 남의 집에 가서 받아 옵니까?"라고 아버지에게 반문할 정도였다. 또한 당시 미혼 여성들은 얼굴을 반쯤 가리고 다녀야 하는 풍습이 있었는데, 자신의 얼굴이 가리고 다닐 만큼 못나지 않았다며 이를 거부했다.

　마침내 샤카족 청년들과 싯다르타의 대결이 시작되었다. 먼저 궁술 대결이 벌어졌다. 싯다르타 태자는 할아버지 시하하누왕이 쓰던 활을 사용해 화살을 과녁에 꽂았다. 이 활은 너무 크고 무거워서 할아버지가 쓴 이후로 아무도 사용하지 못하고 사당에 보관되어 있었다. 뒤이어 펼쳐진 검술 대결, 말과 코끼리를 다루는 시합에서도 누구도 싯다르타 태자보다 뛰어난 사람은 없었다.

검증을 통과한 싯다르타는 야소다라를 부인으로 맞이하게 된다. 슛도다나왕은 태자 부부를 위해 람마, 수람마, 수바라는 세 개의 궁전을 지어 우기와 여름철, 겨울철에 각각 머물게 했다. 싯다르타와 야소다라의 결혼 생활은 남부럽지 않을 만큼 호화로웠다. 하지만 그만큼 허전함도 커져 갔다. 훗날 부처님이 제자들 앞에서 이 젊은 시절의 삶을 회고한 이야기가 『유연경』에 나온다.

"내가 출가하기 전 부왕은 세 개의 궁전을 지어 주었다. 궁전에서 멀지 않은 곳에 연못이 있었는데 그곳에는 푸른색, 붉은색, 흰색 연꽃이 피어났다. 또 그곳에 수비병을 두어 사람들이 마음대로 통행하지 못하게 했으니, 내가 편안하게 쉬도록 하기 위함이었다. 네 사람을 시켜 나를 목욕시키고, 붉은 전단향을 내 몸에 바르고, 항상 새 비단옷을 입도록 하였다. 그러고는 밤낮으로 일산을 받치게 하였으니, 밤에는 이슬을 맞지 않게 하기 위함이요, 낮에는 햇볕에 그을리지 않게 하기 위함이었다. 다른 집에서는 밀기울이나 보리밥을 먹었지만 우리 집에서는 가장 낮은 하인들도 쌀밥과 기름진 반찬을 먹었다. 내가 동산에 갈 때는 서른 명의 훌륭한 기병을 선발해 앞뒤로 호위하여 나를 인도하게 하였다."

숫도다나왕은 아들이 출가할 수도 있다는 아시타 선인의 예언을 항상 경계했다. 그래서 아들이 다른 생각을 하지 못하도록 늘 노심초사했지만 그럼에도 싯다르타의 고민은 깊어만 갔다. 결국 싯다르타는 아버지에게 출가의 뜻을 전했고 한참 동안 실랑이가 이어졌다.

"아버지! 저의 네 가지 소원을 들어주시면 출가하지 않겠습니다. 첫째, 영원히 젊음을 누리며 늙지 않게 해 주십시오. 둘째, 영원히 병들지 않고 건강하게 해 주십시오. 셋째, 죽지 않고 영원히 살게 해 주십시오. 넷째, 사랑하는 사람들과 영원히 이별하지 않게 해 주십시오. 이 소원을 들어주시면 저는 출가하지 않고 아버지 말씀에 따르는 삶을 살 것입니다."

싯다르타의 뜻을 꺾지 못한 숫도다나왕은 대신 왕위를 이을 손자를 낳아 주고 떠나길 바랬다. 그렇게 해서 태어난 아이가 라훌라다. 이후 싯다르타는 궁을 떠나 출가하여 부처님이 되었다. 한편 부처님이 고행의 길을 걸을 때, 야소다라 역시 그와 같은 길을 걸었다. 나중에 부처님이 되어 카필라성으로 돌아온 싯다르타에게 숫도다나왕이 말했다.

"네가 거친 베옷을 입는다는 소리를 듣고 야소다라는 비단옷을 버렸단다. 네가 장신구를 걸치지 않는다는 소리를 듣고 야소다라는 화장을 그만두었단다. 네가 맨땅에서 잔다는 소리를 듣고 야소다라는 방 안의 이불을 모두 치워 버렸단다. 네가 출가한 후 다른 왕실에서 패물을 보내왔지만 야소다라는 모두 거절했단다. 야소다라는 늘 너를 믿고 사랑하고 그리워했단다."

이 말을 듣고 부처님은 "야소다라가 저를 보살피고 절개를 지켰던 것은 금생만이 아닙니다"라고 말했다. 훗날 야소다라는 아들 라훌라가 출가한 뒤 부처님과 라훌라가 머무는 곳 근처에 있는 비구니절에서 정진한다. 그녀는 부처님의 아내, 라훌라의 어머니라는 생각마저 철저하게 버리고 오직 수행자로서의 본분에 매진한다.

남편과 아들에 대한 사랑을 수행과 깨달음을 향한 열정으로 바꾼 야소다라. 그녀의 삶은 '사랑'의 힘이 얼마나 위대한지를 잘 보여 준다. 더불어 진정한 사랑은 서로를 마주 보는 것이 아니라 같은 곳을 바라보는 것이라는 말의 의미를 가슴 깊이 되새기게 한다.

영원한 유산
부처님과 라훌라

석가모니 부처님의 생애와 관련하여 아버지 숫도다나왕과 마야 부인, 양모 마하파자파티, 부인 야소다라와 아들 라훌라, 심지어 사촌을 비롯한 왕족에 이르기까지 가족을 둘러싼 수많은 일화가 전한다. 그중 가장 흥미롭고 중요한 이야기는 단연 아들 라훌라와의 관계이다. 만인의 스승이자 한 사람의 아버지인 부처님과 아들 라훌라의 인연담은 부자지간(父子之間)의 사랑이란 무엇인가를 곱씹어 보게 하는 소중한 가르침이다.

라훌라의 탄생은 샤카족에게 더없는 경사였다. 전륜성왕

이 되리라던 싯다르타 태자가 아들을 낳았으니 장차 왕국의 미래가 안정되고 크게 흥성할 것이 자명했기 때문이다. 그런데 정작 싯다르타의 마음은 복잡하기만 했다. 한편으로는 기쁘면서 한편으로는 슬픈 마음을 감출 길이 없었다. 야소다라의 출산 소식을 들은 직후 싯다르타의 입에서는 작은 탄식이 새어 나왔다. "오, 라훌라(Rāhula)!"

라훌라는 '장애(물)', '속박'이라는 뜻을 가진 말이다. 보통의 삶에서 대를 이을 자녀의 탄생은 축복할 일이지만 해탈과 열반을 추구하는 출가수행자에게 자녀의 존재는 장애물이 될 수 있다. 부모로서 해야 할 도리를 다하자면 온전히 수행에 몰두하기가 어려울 수 있기 때문이다. 그런 까닭에 싯다르타의 마음은 마냥 즐겁지만은 않았다. 반면 부왕 슛도다나왕과 부인 야소다라에게 라훌라는 새로운 희망이었다. 어쩌면 아들이 태어남으로써 싯다르타가 출가를 포기할지도 모르고, 만약 그러지 못하더라도 싯다르타의 자리를 라훌라가 대신해 줄 것이기 때문이다.

결과적으로 라훌라가 태어난 지 7일째 되던 날 싯다르타는 출가를 결행한다. 마지막으로 잠든 부인과 아들의 얼굴을 바라본 뒤 왕궁의 담을 넘는다. 영원한 자유를 위한 위대한 포기의 순간이었다. 싯다르타가 출가하고 난 뒤 슛도다나왕과 야소다라의 삶은 180도 달라진다. 태자를 잃은 왕, 남편을 잃은 부인의 심정을 어찌 말로 표현할 수 있을까?

그로부터 6년 후, 라훌라는 부처님이 되어 카필라성으로 돌아온 아버지를 처음 만난다. 그리고 "가서 아버지에게 유산을 달라고 말씀드려라"라는 어머니의 말에 따라 부처님을 찾아가 당돌하게 말한다. "아버지! 저에게 유산을 물려주세요." 라훌라는 걸음을 멈추지 않는 부처님을 따라 니그로다 숲까지 따라간다. 이에 부처님이 사리뿟따를 불러 말한다.

"사리뿟따여, 이 아이가 아버지의 유산을 원하는구나. 그러나 근심과 슬픔을 가져다줄 일시적인 보물을 유산으로 줄 수는 없는 법, 대신 영원히 사라지지 않는 마음의 보물인 올바른 길을 유산으로 주려고 한다. 라훌라를 사미로 받아 주어라."

부처님은 다시 라훌라에게 당부했다.

"나에게는 금은보화가 하나도 없다. 그러나 만약 네가 정신적인 보물을 갖고 싶다면, 그리고 그런 보물을 지니고 살아갈 마음이 있다면, 나는 많은 것을 줄 수 있다. 나의 정신적인 보물은 올바른 길, 정도(正道)이다. 너는 최고의 기쁨을 얻을 수 있도록 마음을 수행하는 일에 일생을 바치는 사람들과 함께해야 한다."

아버지로부터 깨달음이라는 최고의 유산을 물려받은 라

훌라는 많은 수행 대중의 축복 속에 사리뿟따를 스승으로 출가한다. 뒤늦게 이 사실을 안 숫도다나왕이 달려왔지만 상황을 되돌릴 수 없었다. 이에 숫도다나왕은 "앞으로 부모의 허락을 받지 않은 아이는 출가시키지 말아다오"라며 뒤늦은 부탁을 건넸고 부처님은 부왕의 간곡한 요청을 받아들였다.

한편 부처님이 카필라성을 방문했을 때 라훌라를 비롯한 많은 사람이 동반 출가했다. 다문제일(多聞第一) 아난다, 천안제일(天眼第一) 아나율, 이발사 출신의 지계제일(持戒第一) 우팔리 등이 바로 그들이다.

라훌라는 어린 나이에 출가해서 개구쟁이처럼 잦은 거짓말로 수행자들을 애먹였다. 그런 라훌라에게 부처님이 처음으로 가르침을 편 내용이 『맛지마 니까야』「암발랏티까에서 라훌라를 가르친 경」에 나온다. 부처님은 그릇에 담긴 발 씻는 물에 비유해 고의로 거짓말을 하면 하찮은 사람으로 대접받게 됨을 설하고, 다시 거울에 비유해 항상 자기 자신을 관조해야만 청정한 수행자가 될 수 있다고 경책했다.

이후 라훌라는 혹독한 대중생활을 견디면서 성인으로 성장했다. 비구계를 받은 뒤에는 부자 관계를 떠나 한 명의 부처님 제자로서 더욱 철저히 정진했다. 나아가 구족계를 받을 즈음 수행이 무르익어 부처님 법문을 듣고서 아라한과를 성취한다. 라훌라는 부처님의 친아들이었음에도 '아빠 찬스' 같은 특별한 혜택을 누리기는커녕, 평생 남의 이목에 띄지 않고 묵묵히 실천 수행을 이어 감으로써 밀행제일(密行第一)이 되었다.

하나밖에 없는 아들을 최고의 수행자로 키워 낸 부처님, 아버지의 가르침을 올곧게 실천해 누구에게도 부끄럽지 않은 수행자가 된 라훌라. 부전자전(父傳子傳)의 모범이라 할 만한 이들의 삶에는 범부의 애착을 뛰어넘는 사랑과 믿음이 깔려 있다.

부부라는 이름의 도반
마하가섭 존자 부부

불교 역사에서 석가모니 부처님 다음으로 많이 회자되는 분이 있다. 바로 부처님의 상수제자 마하가섭 존자다. 가섭 존자는 한국불교 전통에서 삼처전심(三處傳心)의 주인공으로 잘 알려져 있다.

　　삼처전심의 첫 번째는, 부처님이 설법하실 때 뒤늦게 도착한 가섭 존자를 위해 자연스럽게 자리를 양보한 일에서 유래한 다자탑전분반좌(多子塔前分半座)다. 두 번째는 부처님이 영축산에서 설법하실 때 연꽃 한 송이를 들어 보이자, 오직 가섭 존자만이 그 의미를 알고 미소를 지었다는 염화미소(拈華微笑)다. 세 번째는 먼 곳에서 전법하던 가섭 존자가 부처님의 열반 소식을 듣고 뒤늦게 다비장에 도착하자 부처님이 관 밖으로 두 발을 내보였다는 곽시쌍부(槨示雙趺)다.

삼처전심과 함께 마하가섭 존자를 상징하는 말로 두타행(頭陀行)이 있다. 『증일아함경』 「제자품」에서 말하길, 가섭 존자는 실천하기 어려운 열두 가지 두타행을 잘 수행했다고 한다. 여기서 말하는 열두 가지 두타행이란 '인가(人家)를 멀리 떠나 숲이나 광야의 한적한 곳에 머물기', '늘 밥을 빌어서 생활하기', '빈부를 가리지 않고 마을에 들어가 차례로 걸식하기', '헌 옷을 빨아 기워서 입기', '오직 삼의(三衣)만 지니고 여벌의 옷을 쌓아 두지 않기' 등과 같이 출가수행자가 철저하게 지켜야 할 생활 덕목이다.

이렇듯 전설적인 수행과 치열한 구도행으로 수행자의 사표(師表)가 된 마하가섭 존자에게도 애틋한 러브 스토리가 존재한다. 부인이자 평생의 도반으로 살아간 아내와의 인연담이다.

부처님 못지않게 부유한 집안에서 태어난 가섭 존자는 어려서부터 총명하여 글과 학문에 밝았다. 당연히 부모님은 가섭에게 큰 기대를 걸었고 그 바람대로 가섭은 훌륭하게 성

장했다. 다만 가섭은 평소 글을 읽고 사색하기를 좋아할 뿐 다른 일에는 뜻을 두지 않았다. 세월이 지나 결혼 적령기에 이르러서도 결혼에 전혀 관심이 없었다. 그럼에도 계속되는 부모님의 권유에 가섭은 한 가지 꾀를 냈다. 금으로 만든 여인상을 보여 주며 "이 여인과 똑같은 사람이 있다면 결혼하겠습니다" 하고 조건을 내걸었다.

이쯤 되면 포기할 법도 한데, 가섭의 부모님은 만만치 않은 분들이었다. 백방으로 수소문해 끝내 금으로 만든 여인상과 똑 닮은 여인을 찾아내고야 말았다. 결혼하지 않으려고 말도 안 되는 제안을 했던 것이 도리어 결혼의 빌미가 되어 버린 것이다. 어쩔 수 없이 가섭은 부모님이 찾은 여인을 신부로 맞이했다. 그러고는 부인에게 그간에 있었던 일들을 솔직하게 고백하며 미안한 마음을 전했다. 그런데 이 여인 또한 보통 사람은 아니었다. "저 역시 부처님을 따라 수행자가 되기를 서원하고 있습니다"라며 자신도 가섭과 같은 생각임을 밝혔다.

그날 이후 가섭 존자 부부는 철저하게 금욕을 실천하며 도반으로서 함께 생활했다. 겉보기에는 여느 잉꼬부부처럼 보였지만 잠을 잘 때는 각자 다른 침대를 사용했다. 손자를 기다리던 가섭의 부모님이 이 사실을 알고 침대 하나를 부숴 버렸지만, 마지못해 한 침대를 쓰면서도 늘 두 사람은 꽃을 사이에 두고 잤다. 그렇게 10년이 넘는 시간 동안 남들과는 다른 부부 생활, 아니 수행 생활을 이어 갔다. 이후 부모님이 돌아가신 뒤, 가섭 존자는 물려받은 유산을 사람들에게 나눠 주고 본격적인 수행자의 길에 접어들었다. 부인 역시 흔쾌히 동의하고 출가 사문이 되었다.

생전 부처님이 가섭 존자를 얼마나 아끼고 높이 평가했는지는 앞서 말한 삼처전심의 일화에서 충분히 짐작해 볼 수 있다. 그만큼 가섭 존자의 행실이 출재가 수행자에게 두루 모범이 될 만했기 때문이다. 일례로 가섭 존자는 평생 누더기를 입고 살았는데 그 시작은 이랬다.

어느 날 부처님이 탁발을 마치고 돌아가는 길에 잠시 나무 아래에서 휴식을 취했다. 그때 가섭 존자가 자신이 입고 있던 가사를 접어 앉을 자리를 마련해 드렸다. 그런데 가사를 만져 본 부처님이 천이 부드럽다고 말하자, 가섭 존자는 부처님보다 좋은 옷을 걸친 자신을 몹시도 부끄럽게 여겼다. 그 자리에서 자신의 가사를 부처님에게 바치고 대신 부처님의 누더기 가사로 바꿔 입었다.

가섭 존자 부부의 이야기는 여러모로 생각할 거리를 던져 준다. 아이를 낳지 않았다는 점이 현재 우리 사회가 직면한 저출산 문제를 떠올리게 하여 아쉬운 면이 있지만, 부부이자 도반으로서 서로를 존중하며 같은 목표를 향해 걸어간 모습은 아름답다 못해 경이롭기까지 하다. 물론 세상에는 아이를 낳고 훌륭한 가정을 꾸리면서도 수행자처럼 사는 사람이 많이 있다. 이들에게는 가족이 곧 수행 공동체요 도반일 것이다. 온 가족이 서로를 지지하며 다 함께 깨달음의 길로 나아간다면 그보다 더한 행복이 어디 있으랴.

작은 사랑을 잃고 큰 사랑을 얻다
아난과 마등가

석가모니 부처님의 시자인 아난 존자에 관한 이야기는 여러 경전에서 다양하게 등장한다. 부처님의 사촌 동생으로 태어나 총명하고 온화한 성품에 수려한 외모까지 겸비했던 아난은 운명처럼 출가 사문이 된다. 이후 부처님이 시자가 되어 주길 청하자, 아난은 그 제안을 넙죽 받아들이지 않고 자신이 생각하는 '시자의 조건'을 내걸었다. 스승의 조건이 아닌 제자의 조건이라니 이 얼마나 당돌하고 당당한 모습인가. 아난이 결코 호락호락한 인물이 아니었음을 알 수 있는 대목이나.

"저는 부처님을 감당할 수 없습니다. 마치 60살이 된 수코끼리는 힘이 왕성하고 세력이 대단해서 곁에서 보살피기가 어렵듯이, 부처님도 그와 같아서 시자가 되는 일을 저는 감당할 수 없습니다."

이렇게 말하며 아난 존자가 내건 조건은 매우 구체적이고 현실적이었다. 부처님이 받은 값비싼 가사와 음식을 자신에게 주지 말 것, 부처님이 머무는 숙소에 자신을 머물게 하지 말 것, 부처님이 가는 재가불자의 집에 자신을 데리고 가지 말 것, 자신이 초대받은 장소에 부처님이 함께 가 줄 것, 멀리서 온 방문자를 즉시 만나 줄 것, 이해가 안 되는 가르침에 관해 물으면 대답해 줄 것, 자신이 없을 때 한 모든 법문을 다시 해 줄 것 등이었다.

한평생 부처님의 시자로서 충실히 살았던 아난 존자의 태도와는 별개로 그의 삶은 갖은 시비와 유혹의 연속이었다. 특히 준수한 외모 탓이었는지 끊임없이 스캔들이 이어졌다. 부처님이 직접 아난에게 평소 주변 관리를 엄격하게 할 것을 지시하고, 예외적으로 양어깨가 가려지는 옷을 입도록 허락할 정도였다.

아난 존자를 둘러싼 여러 스캔들 가운데 대표적인 일화는 『능엄경』에 나오는 '마등가녀' 이야기다. 어느 날 아난 존자가 홀로 탁발을 나갔다. 마른 목을 축이고자 강가에서 물 긷는 여인에게 물을 한 잔 얻어 마셨는데 그만 사달이 났다. 아난 존자의 눈부신 외모에 홀딱 반한 여인이 집으로 돌아와 어머니에게 울며불며 생떼를 부린 것이다.

"어머니! 오늘 강가에서 우연히 아난이라는 스님을 만났어요. 제 운명의 짝이 분명해요. 그분과 결혼할 거예요."

여인의 어머니는 마등가(摩登伽)라는 비천한 집안의 사람이었는데 외도의 사술에 능했다. 딸의 간절한 바람에 어쩔 수 없었던 어머니는 아난 존자를 집으로 초대해 공양을 올리고 딸의 사정을 설명했다. 아난 존자는 단호했다. 출가수행자로서 결혼할 수 없다는 것이었다. 그러자 여인의 어머니는 주술을 부려 아난 존자를 꼼짝 못 하게 만들어 버린다. 그때 멀리서 이를 지켜보고 있던 부처님이 급히 문수보살을 보내 아난 존자를 구해 낸다. 겨우 곤경에서 벗어난 아난 존자는 부처님 앞에 나아가 다음과 같이 고백한다.

"그동안 부처님이 항상 일러 주신 삼관법문(三觀法門)을 수행하지 않아 도력을 이루지 못해 오늘 이러한 수모를 당하고 말았습니다. 저는 마군의 세력에 갇히고 나서야, 법문을 많이 들었다고 해서 수행의 힘을 지니게 되는 것이 아님을 알았습니다. 특히 애욕의 번뇌는 삼관수행인 사마타(奢摩他), 삼마

(三摩), 선나(禪那)가 아니면 녹일 수 없음을 알았습니다."

한편 아난 존자를 뒤쫓아 온 마등가 여인은 온 절을 뒤지고 다니다 마침내 부처님을 마주한다.

"아난은 삭발하고 출가하여 스님이 되었다. 아난을 사랑한다면 너도 삭발염의하고 출가할 수 있겠느냐?"

"아난 존자의 부인이 될 수만 있다면 무엇이든 하겠습니다."

"아난의 무엇이 그렇게 마음에 들어 사랑하는 마음을 갖게 되었느냐?"

"저는 아난 존자의 모든 것이 좋고, 그래서 더 사랑하게 되었습니다."

부처님은 단호하게 말했다.

"아난의 눈에는 눈물이 있고, 코에는 콧물, 입에는 침, 귀에는 귀지, 몸뚱이 안에는 대소변을 담고 있는 가죽 주머니가 있다. 만일 아난과 네가 서로 부부가 된다면 육신이 서로 결합하여 자식을 낳고 그 자식이 죽게 되면 창자를 오리는 듯한 슬픔을 느낄 것이다. 이러한데 네가 아난과 부부가 된들 무엇이 그리 행복하겠는가?"

부처님의 말을 들은 마등가 여인은 그 자리에서 모든 애욕을 여의고 아라한이 되었다. 이어서 부처님은 아난 존자에게 삼관수행에 대해 설하였는데, 이것이 곧 『능엄경』의 토대이다.

아난과 마등가 여인의 이야기를 통해 사랑이 수행이 되고 수행이 사랑이 되는 인연들이 많아지기를 기대해 본다.

세상에서 제일 값진 것
전쟁을 막은 부처님

스님들은 매일 아침 대웅전에서 행선축원을 한다. 그 가운데 '국계안녕병혁소(國界安寧兵革消)'라는 구절이 있다. 병혁(兵革)은 전쟁을 말하고, 소(消)는 사라짐을 뜻한다. 즉 전쟁이 사라져 나라가 평안하기를 축원하는 것이다. 고려 말 나옹 선사가 지은 이 글을 지금껏 매일 같이 읽고 축원하는 것은 여전히 전쟁의 위협이 우리 가까이에 있기 때문이다.

부처님 당시 인도는 16개국이 서로 세력을 확장하며 전쟁과 병합을 거듭하고 있었다. 그런 전쟁과 분쟁 한가운데서 부처님은 평화를 위해 노력했다. 일례로 강을 사이에 두고 샤카족과 콜리야족 간에 분쟁이 일어나자 부처님이 나서 양측을 중재했다.

부처님은 술 취한 코끼리들이 서로를 공격하기 위해 도열해 있는 전장으로 가서, 양군의 장군에게 싸움의 원인을 물었다. 알고 보니 샤카족과 콜리야족 사람이 물을 두고 다툰 것이 사건의 발단이었다. 사소한 다툼이 험악한 전쟁으로 번지게 되었음을 안 부처님은 "생명의 피는 물보다 값진 것이니, 생명을 죽이는 전쟁을 멈춰야 합니다. 히말라야의 나무처럼 함께해야 비바람을 이겨 낼 수 있습니다"라고 설법함으로써 전쟁을 막았다.

마가다국 아자따삿뚜왕이 왓지국을 침략하기 전 신하를 보내 자문을 구해 왔을 때도 부처님은 지혜로운 방편으로 전쟁을 예방했다. 부처님은 시자인 아난을 불러 왓지국에 대해 물었다. 그 나라 사람들이 자주 모여 함께 논의하고 여러 의견을 모아 의사결정을 내리는지, 서로 화합하면서 합의로 결정된 법을 잘 따르는지, 전통을 잘 지키는지, 나이 많은 이를 존경하고 그들의 말을 경청하는지, 여성들을 잘 보살피는지, 예배소를 잘 보호하는지, 훌륭한 수행자를 보호하고 후원하는지 등이었다. 아난이 왓지국 사람들은 이를 모두 잘 지킨다고

답하자, 부처님은 왓지국이 쇠하지 않을 것이라고 말한다. 이 말을 전해 들은 아지따삿뚜왕은 전쟁을 멈추게 된다.

전쟁과 관련하여 가장 인상적인 부처님의 이미지는 아마도 고목 아래 홀로 앉아 있는 모습일 것이다. 어느 날 꼬살라국 위두다바왕이 카필라국을 없애기 위해 전쟁을 일으켰다. 이는 땅을 빼앗거나 자원을 쟁취하기 위함이 아니었다. 어릴 적 천한 출신이라며 자신과 어머니를 모욕한 카필라국에 대한 복수로서 샤카족을 멸망시키려는 목적을 가진 잔인한 전쟁이었다.

당시 고령이었던 부처님은 위두다바왕의 군대가 진군하는 길가에 있는 고목 아래 묵묵히 자리를 잡고 앉았다. 그 모습을 본 위두다바왕이 코끼리에서 내려 부처님에게 다가와 물었다. "어찌 잎이 없어 그늘도 없는 고사목 아래 앉아 계십니까?" 부처님이 답하길, "친족은 이 죽은 나무와 같아 아무런 도움이 못 되어도 존재하는 것만으로도 큰 위안이 됩니다"라고 하였다. 이 말을 듣고 왕은 군대를 되돌린다. 이후 같은 일이 무려 세 번이나 반복된다.

이처럼 부처님은 전쟁을 막는 데 진심을 다했다. 부처님뿐만 아니라 아난 존자 역시 마찬가지였다. 왓지국과 마가다국이 전쟁을 벌이려는 찰나, 아난 존자는 강을 사이에 둔 양국

군대 앞에서 화광삼매(火光三昧)에 들어 열반한다. 마지막 순간까지 부처님의 가르침을 따르고자 열반으로써 두 나라의 전쟁을 멈춘 것이다.

생명을 죽이는 일이 가능하다고 여기는 것, 그것이 전쟁의 가장 큰 잘못이다. 어떤 이유로든 살아 있는 생명을 해치는 일은 옳은 일일 수 없다. 명분과 힘, 세력, 자존심, 복수심 등은 이유가 될 수 없다. 또한 생명을 죽이는 일을 멈추는 것보다 더 큰 명분이 어디 있겠는가? 세상에 전쟁을 위한 명분은 없을지언정 멈춰야 할 명분은 분명하다. 불살생을 비롯해 부처님이 설한 오계는 단지 불자들만의 계율이 아니다. 모든 생명이 지켜야 할 기본 윤리다. 살생을 멈추지 않는다면, 이는 사람이 아니며 다음 생에도 사람이 아닐 것이다.

마음껏 사랑하고 그리워하라
어느 노부부의 사연

사람들이 절이나 스님을 찾아올 때는 보통 무언가 사연이 있어서다. 크게 보면 일 문제, 관계 문제(우정·연애·결혼), 건강 문제가 대다수다. 그때마다 나는 부처님 가르침에 근거해 나름의 조언을 해 준다. 나중에 시간이 지나 문제가 원만하게 해결되었다며 그들이 감사 인사를 전할 때면 너무도 마음이 흐뭇해진다. 작은 말 한마디가 누군가의 삶에 커다란 희망이 될 수도 있다는 사실에 기쁨과 동시에 무거운 책임감을 느낀다. 그래서 매번 누군가를 만날 때면 진심으로 그들의 이야기를 경청하고 성심성의껏 내 이야기를 들려준다.

아무래도 요즘 심혈을 기울이는 일이 청춘들의 사랑을 맺어 주는 일이다 보니, 그에 관한 일화가 많이 떠오른다. 조심스럽게 새로운 인연을 시작하는 재혼 부부를 위해 절에서 화혼식을 열어 주었던 일, 또 부탄과 뉴질랜드에서 온 남성과 한국인 여성의 화혼식에서 주례를 봐주었던 일 등이다. 고맙게도 지금까지 다들 행복한 가정을 꾸리고 살면서 때때로 안부를 전해 온다.

그러나 사람 사는 일이 다 그렇듯 늘 즐거운 사연만 있는 것은 아니다. 어느 날 한 부부가 찾아와 눈물을 쏟으며 애원했다. 아들이 큰 병을 얻어 생사가 위태로우니 나더러 병문안을 가 기도해 달라는 것이었다. 나는 곧장 병원으로 아들을 찾아갔다. 막상 가서 만나 보니 아들의 생사는 이미 결정된 듯 보였다. 알고 보니 아들은 췌장암이었다. 췌장암이란 게 일단 한번 발병하면 낫기가 어려운 병이라는 걸 알기에 마음이 무겁고 착잡하기만 했다. 부모가 그 사실을 모를 리 없건만 지푸라기라도 잡는 심정으로 나를 찾아왔을 걸 생각하니 더욱 목이 메었다.

그러나 스님으로서 헛된 희망을 전하는 것도 도리가 아닌지라 차분하게 마지막을 준비하시라 위로를 건넸다. 뒤늦게 늦둥이 아들을 얻어 애지중지 키워 온 노부부의 속이 얼마나 문드러지고 무너져 내렸을까. 게다가 결혼할 사람이라며 막 여자친구를 부모에게 소개해 준 터라 상심이 이루 말할 수 없었을 것이다.

그런데 놀랍게도 여자친구만은 의연한 태도를 보였다. 여자친구는 절망하지 않고 병석에 누운 남자친구를 지극정성으로 간호했다. 심지어 태중에 아이가 있으니 결혼을 하겠다고 선언했다. 말이야 쉽지, 한창나이에 평생 과부로 살지도 모를 결심을 했다고 하니 그 말을 듣는 내 귀를 의심할 정도였다. 차마 어떤 말을 해 주어야 할지 입이 떨어지지 않았다.

나중에 전해 듣기로 노부부의 아들은 급격히 건강이 나빠져서 몇 개월 만에 세상을 떠났다고 한다. 비록 바람대로 결혼식을 올리지는 못했지만, 여자친구는 혼인신고를 하고서 아이를 낳아 지금껏 잘 기르고 있다고 한다. 또한 실의에 빠졌던 노부부 역시 아들이 남긴 선물과도 같은 손자의 탄생을 보고 삶의 희망을 놓지 않은 채 잘 살아가고 있다고 한다.

돌이켜 생각해 봐도 정말 믿어지지 않는 일이다. 나는 이들의 사랑을 통해 헌신적인 사랑이란 무엇인지, 왜 그토록 많은 성인이 위대한 사랑의 힘을 노래했는지 몸소 깨달을 수 있었다. 그리고 인연이라는 말에 담긴 의미를 다시 한번 되짚어

보게 되었다. 불교에서는 이번 생의 인연이 결코 우연이 아니라고 말한다. 전생의 인연이 이어져서 친구, 연인, 부부가 되는 것이다. 다만 그렇게 이어진 인연이 삶에서 모두 아름답게 펼쳐지는 것은 아니다. 내가 어떤 마음가짐으로 상대방을 대하느냐에 따라 오랜 인연의 종착역은 악연일 수도 선연일 수도 있다.

마지막으로 이 말을 덧붙이고 싶다. 살면서 만나게 될 인연은 반드시 만나게 된다는 것이다. 조바심을 내거나 억지를 부릴 필요가 없다. 반대도 마찬가지다. 피하고 밀어낸다고 해서 인연은 쉽사리 끊어지지 않는다. 소중한 이 삶을 잘 살아가다 보면 자연스럽게 다가올 인연은 다가오고 멀어질 인연은 멀어진다. 내 삶이 순리대로 흘러가면 시절이 무르익어 모든 것이 오고 가게 되어 있다. 그때가 되어, 마음껏 사랑하고 그리워하면 될 뿐이다.

이 몸을 던져 그대를 수호하리
의상 대사와 선묘 낭자

1,700년이 넘는 유구한 한국불교의 역사에도 사랑에 관한 에피소드가 있다. 그중 널리 알려진 이야기로 의상 대사와 선묘 낭자의 일화가 있다.

유네스코 세계문화유산인 영주 부석사는 한국불교를 대표하는 사찰 중 하나이다. 이곳을 참배할 때면 그 아름다움에 절로 고개가 숙여지곤 한다. 특히 무량수전 배흘림기둥에 기대어 바람을 맞노라면 그 순간만큼은 극락이 따로 없다. 알다시피 부석사는 의상 대사가 창건한 절이다. 의상 대사는 부석사와 낙산사를 시작으로 우리나라에 화엄사상의 씨앗을 뿌렸다. 그것이 화엄사·범어사·갑사·해인사 등으로 이어져 한국 불교의 든든한 디딤돌이 되었다.

　부석사에는 다른 절에서는 볼 수 없는 특별한 전각이 하나 있다. 바로 선묘각(善妙閣)이다. 생소한 이름의 이 전각에는 한 여인이 용을 타고 구름 위에 올라 있는 그림이 모셔져 있다. 바로 부석사의 창건 설화에 등장하는 인물이자 의상 대사를 사모했던 여인 선묘 낭자다.

　의상 대사는 신라 귀족 가문에서 태어났지만 불법에 뜻을 두어 출가수행자가 되었다. 30대 중반에 원효 대사와 함께 중국으로 구법(求法) 여행을 떠났는데, 익히 알려진 대로 원효 대사는 해골 물을 마시고 깨달음을 얻어 신라에 남고 의상 대사 홀로 배를 타고 유학길에 오른다. 당나라 양주에 도착한 의상 대사는 지역 장수의 배려로 관아에서 지내게 되었는데, 그곳에서 장수의 딸 선묘를 만난다. 비록 스님이었지만 의상 대사의 수려한 외모와 기품 있는 모습에 반한 선묘의 마음에는 조금씩 사랑의 감정이 싹튼다. 그러나 야속하게도 의상 대사는 선묘의 마음을 받아들이지 않고 길을 떠난다.

　"저는 이미 세속을 떠난 수행자입니다. 중생제도를 위해 목숨을 바칠 생각이니, 부디 저를 원망하지 말아 주세요."

양주를 떠나 종남산 지장사로 간 의상 대사는 중국 화엄종 제2조 지엄 스님 문하에 들어가 오랫동안 화엄을 연찬한다. 이윽고 공부를 마친 의상 대사가 귀국을 준비하고 있을 때, 그 소식이 선묘에게도 전해졌다. 의상 대사가 떠난 뒤 오직 부처님 법과 스님에 대한 믿음으로 오랜 세월 정진해 온 그녀에게 다시 한번 스님을 만날 수 있는 기회가 찾아온 것이다.

하지만 귀국길에 오른 의상 대사가 도중에 잠시 선묘의 집에 들렀을 때 하필 그녀는 출타 중이었다. 스님의 귀국 선물로 정성스레 법복을 준비해 두었던 선묘는 집에 돌아와 의상 대사가 떠난 사실을 알고 황급히 뒤를 쫓았다. 하지만 항구에 도착했을 때 의상 대사가 탄 배는 이미 떠난 뒤였다. 선묘는 기도하듯 말했다.

"오래전 의상 스님에게 귀의하기로 한 이 몸이 용이 되어 스님의 무사귀국을 도울 것입니다. 부디 신라에 잘 도착하시어 부처님 법을 널리 전해 주세요."

선묘는 바다에 몸을 던져 용이 되었고 의상 대사의 귀국길을 외호했다. 무사히 신라에 도착한 의상 대사는 먼저 양양에 낙산사를 창건하고 영주에도 화엄 도량을 세우고자 했다. 그런데 절터로 삼은 곳이 산적들의 소굴인지라 일이 쉽지 않았다. 그때 용이 된 선묘가 자신의 몸을 바꾸어 봉황으로 변신

한 다음 큰 바위를 들어 올려 위태롭게 하니, 놀란 산적들이 이내 굴복해 모두 스님의 제자가 되었다. 부석사(浮石寺)라는 명칭은 이렇듯 바위가 공중에 떴다고 해서 붙여진 이름이며, 절이 있는 뒷산의 이름은 봉황산이다. 지금도 부석사 무량수전 뒤에 부석이라는 바위가 있다. 이 바위가 바로 선묘용이 들어 올린 바위라고 전한다.

　선묘 낭자는 의상 대사에 대한 흠모를 불법(佛法)에 대한 믿음으로 발전시켰다. 믿음의 힘으로 용이 되었고, 해동화엄 초조이자 신라 화엄종의 시조가 된 의상 대사를 보좌해 한국 불교에 큰 발자취를 남겼다. 의상 대사와 선묘 낭자의 아름다운 사랑 이야기는 바다 건너 일본의 고산사(高山寺)에도 전해졌다. 심지어 고산사에서는 선묘 낭자를 불교의 수호신으로 여기고 있다. 목숨조차 아끼지 않은 그녀의 신실한 마음이 후대 사람들의 가슴에 어떻게 새겨져 있는지를 알 수 있는 대목이다.

당신을 위해 발원합니다

원효 대사와 요석 공주

한국불교사에서 원효 대사만큼 유명한 분이 또 있을까. 한국인이라면 누구나 원효 대사에 대해 알고 있을 것이다. 특히 의상 대사와 함께 낭나라로 유학을 떠나던 중 해골 물을 마시고 깨달음을 얻었다는 일화는 교과서에도 실려 있을 만큼 잘 알려진 이야기이다. 원효 대사는 일체유심조(一切唯心造)로 대변되는 사상 외에도 『대승기신론』, 『십문화쟁론』, 『금강삼매경론』 등 기라성 같은 저술을 남김으로써 한국불교의 대중화와 발전에 지대한 영향을 미쳤다.

원효 대사가 얼마나 대단한 인물이었는지를 확인할 수 있는 단적인 예가 있다. 바로 전국 사찰의 창건기다. 우리나라 전통 사찰 중에 원효 대사가 지었다는 절이 전국에 수두룩하다. 신륵사, 자재암, 삼천사 등 잘 알려진 사찰 외에도 여러 곳이 있다.

상식적으로 한 사람이 이 모든 절을 짓는 건 불가능한 일이다. 짐작건대 원효 대사로 인해 불교가 민중의 삶으로 전파되었고, 또 당시에 워낙 유명한 인물이다 보니 여기저기서 스님 이름을 빌려 절을 지었던 게 아닐까 싶다. 혹은 스님이 수행하던 장소나 스님이 점지한 곳에 절을 세운 것일 수도 있다. 사실이 무엇이든, 그 시절 원효 대사의 영향력이 어느 정도였는지를 실감할 수 있다.

우리 역사에 큰 발자취를 남긴 원효 대사의 삶에도 아름다운 사랑 이야기가 전한다. 신라 태종 무열왕의 딸인 요석 공주와의 인연이다.

민중의 삶 속에서 참 수행의 길을 찾고자 했던 원효 대사는 저잣거리를 떠돌며 "누가 자루 없는 도끼를 빌려주리오? 내가 그 도끼로 하늘을 떠받칠 기둥을 깎으리다"라는 알 수 없는 노랫말을 흥얼거렸다. 이 노래를 들은 무열왕이 자루 없는 도끼는 과부를, 하늘을 떠받칠 기둥을 깎음은 현자의 탄생을 뜻한다고 여겨 자신의 딸 요석 공주를 원효 대사와 맺어 주고자 하였다. 그러던 어느 날 원효 대사가 문천교를 지난다는 소식을 듣고 병사를 보내 스님을 모셔 오게 했다.

이후 이야기는 몇 가지 버전이 있는데, 원효 대사가 문천교에서 병사들과 실랑이를 벌이다 물에 빠졌다는 이야기와 스스로 물에 뛰어들었다는 이야기가 있다. 결과적으로 물에 빠진 스님은 옷을 말리기 위해 며칠간 요석궁에 머물렀다. 그리고 이를 계기로 요석 공주와의 사이에서 아들이 하나 태어난다. 이 아들 역시 훗날 아버지 못지않게 역사에 이름을 남기는 위인이 되는데, 바로 고대 한국어 표기법인 이두(吏讀)를 집대성하고 신라에 유교를 확립시킨 설총(薛聰)이다.

한편 이 사건 이후 원효 대사는 승복을 벗고 거리로 나섰다. 스스로를 소성거사(小性居士)라 칭하며 바가지를 들고 무애가(無碍歌)를 부르면서 대중들을 교화했다.

요석 공주는 어땠을까. 단 시흘간의 인연이었지만 스님을 향한 애틋한 마음을 저버리지 못한 공주는 만삭의 몸을 이끌고 스님이 있는 절을 찾아 나섰지만 끝내 만나지 못한다. 또 한 번 과부 아닌 과부 신세가 된 요석 공주로서는 스님이 원망스러울 법도 했지만, 그녀 역시 보통 사람은 아니었다. 사사로운 정은 내려놓고 원효 대사의 큰 뜻이 이루어지기를 발원하며 수행에 매진한다. 원효 대사가 소요산에 머물며 정진하고 있다는 얘기를 듣고는, 산 아래에 별궁을 지어 아들과 함께 아침저녁으로 스님 계신 곳을 향해 예배를 올렸다고 한다.

원효 대사가 남긴 눈부신 업적은 당연히 스님의 공로가 제일 클 것이다. 하지만 뒤에서 묵묵히 자신을 희생하며 스님을 위해 기도해 준 요석 공주의 노력도 간과할 수 없다. 사랑하는 사람을 위해, 사랑하는 사람이 품은 대의를 위해, 이별의 아픔마저 뛰어넘은 요석 공주의 삶은 이 시대 사람들에게 깊은 울림을 전한다.

우리는 누군가와 사랑에 빠지거나 결혼을 하면 그 사람이 온전히 내 것이 된 양 착각에 빠진다. 그래서 그 사람의 말과 생각과 행동이 내 마음과 맞지 않을 때면 불같이 화를 내고 진심을 의심한다. 그러나 사랑은 소유나 통제가 아니다. 상대방을 온전한 하나의 인격체로서 대하고, 그 사람이 추구하는 바를 존중하고 지지하는 일이다.

사랑은 단지 두근거리는 감정 그 이상이다. 뭇 생명을 부처로 보았던 부처님처럼, 내 곁에 있는 사람을 그렇게 대할 수 있다면 세상에 그만한 공덕 지음이 없을 것이다. 그 사람이 행복하면 나 또한 행복할 것이요, 그 사람이 깨달음을 얻는다면 나 또한 해탈할 테니 말이다.

3

끝없이
넓은 세계와
나와 남이
조금도
떨어져
있지 않다

인생의 지혜

돈으로
살 수 없는 것

세계에서 가장 행복한 나라라고 불리는 부탄에서 온 청년을 만났다. 부탄은 행복의 기준을 새로 만들어 낼 정도로 국가의 이념이 남다르다. 그 청년과 대화를 나누며 개인적으로 궁금했던 것을 물었다. 부탄 사람들은 왜 행복한지에 관한 물음이었다. 청년은 잠시 고개를 갸웃하더니 이렇게 답했다.

"아마도 그건 부탄 사람들이 돈보다 중요한 가치가 있다는 걸 알기 때문인 것 같아요. 그것을 실현하려고 노력하고 있죠." 그러면서 덧붙이는 말이 인상 깊었다. 근래 부탄 사람들

사이에도 돈이면 뭐든지 할 수 있다는 생각이 퍼지고 있다는 우려였다. 문득 이런 생각이 들었다. 우리는 종종 삶에서 돈보다 중요한 가치가 있다는 말을 듣곤 한다. 그런데 정작 그것이 무엇인지 알고 있을까?

요즘 한국 젊은이들 사이에 '금수저', '흙수저'라는 말이 유행하고 있다. 부모를 잘 만나서 미래에 대한 걱정 없이 살 수 있는 사람을 금수저라 하고, 반대로 가진 것이 적은 부모를 만나서 평생 고생하며 살아야 할 팔자인 사람을 흙수저라고 부른다. 여기에서 시작해 은수저, 동수저 등 다양한 수저론이 파생되었다. 인터넷에 떠도는 이야기를 참고해 보면, 금수저는 자산이 20억 원 이상에 연 수입이 2억 원이 넘는 부모를 둔 사람이다. 그리고 순서대로 절반씩 자산이 깎여 내려가며 은수저, 동수저가 된다. 마지막 흙수저는 자산이 5,000만 원 미만이며 연 수입은 2,000만 원 미만이라고 한다.

한 걸음 더 나아가 자신이 흙수저인지 아닌지를 확인해 보는 빙고 게임도 나왔다. 연립주택, 비데 유무, 자동차 연식(7년 이상), 전·월세 1억 원 이하, 이혼 가정 등 총 25가지 항목이 있는데 이 중 10가지 이상에 해당하면 흙수저라는 것이다. 이러한 자조 섞인 유행어의 탄생은 무엇보다 계층의 사다리가 무너진 데서 비롯되었을 것이다.

처음에는 우스갯소리로 넘어가던 사람들도 이제는 진지하게 이 말을 되새기고 있다. 어쩌다 우리 사회가 신분제 사회처럼 변해 간 것일까. 소수의 부자와 다수의 빈곤층으로 빠르게 갈라지는 양극화 현상에 대해 걱정하는 목소리가 날로 높아지고 있다.

더 큰 문제는 사람들이 이를 사회 시스템 문제로 받아들이지 않고 있다는 점이다. 금수저, 흙수저 이야기에서 알 수 있듯이 젊은이들은 모든 원인을 부모의 능력으로 돌리고 있다. 계층 간의 이동이 자유롭지 못하다는 건 그만큼 사회가 경직되어 있으며 여러 가지 장애 요소가 산재해 있다는 뜻이다. 그런데도 오로지 부모의 경제력만 따지고 드니, 이는 문제 해결을 위한 바람직한 접근 방식이 아닐뿐더러 매우 수동적인 태도에 불과하다.

계급의 공고화, 혹은 계층 간 이동의 단절은 정치·경제적 문제이지 결코 개인의 탓이 아니다. 물론 부모의 돈벌이에 따라 상대적으로 삶이 팍팍할 순 있지만, 그렇다고 부모를 탓해서는 어떤 것도 변화시킬 수 없다. 또한 부모는 우리를 낳아 건강하게 길러 주었다는 사실만으로도 감사해야 할 존재다. 그럼에도 부모를 향한 원망이 커져 가는 것은 돈이 최고의 가치라는 그릇된 신념이 만들어 낸 사회적 병폐이다.

자본주의 사회에서 돈의 중요성을 모르는 사람은 없다. 이를 부정하는 사림도 없을 것이다. 하지만 돈이 삶의 중심이 되고 우선순위가 될 때 우리는 소중한 것들을 잃게 된다. 유사 이래 기록된 많은 역사에서, 숱한 성인의 가르침에서, 이웃의 삶을 통해서 우리는 그러한 삶의 이치를 보아 오지 않았던가.

지금으로부터 십여 년 전 아역배우 김유빈 양이 영화 시상식에서 밝힌 수상 소감이 기억난다. 앳된 모습으로 무대에 올라 짧고 쿨하게 내뱉은 한마디는 현재를 살아가는 우리에게 던지는 날카로운 화두와 같은 말이었다.

"이 상은 돈으로 살 수 없는 거잖아요. 세상에서 가장 소중한 것은 돈으로 살 수 없는 거래요. 감사합니다."

지금 이 순간 당신의 삶에 돈보다 소중한 게 무엇인가? 당신은 그것을 얼마나 소중히 여기고 있는가? 더 늦기 전에 그것들을 향해 눈길을 돌려 보자.

스님의 명품

요즘은 날로 포교와 전법의 수단이 다양해지고 있다. 말 그대로 팔만사천 가지다. 이런 시대적 흐름에 부응하고자 나도 유튜브 채널을 개설해 콘텐츠를 올리고 있는데, 젊은 시민들과 소통하는 재미가 꽤 쏠쏠하다. 그런데 얼마 전 유튜브에 재미있는 질문이 하나 올라왔다. 스님들이 '고급 옷'을 입어도 되느냐는 것이었다. 비난을 위한 근거를 찾는 질문이었지만, 여전히 많은 사람이 불교에 관해 오해하고 있는 부분이 있는 듯하여 나름대로 정리한 답을 들려주고 싶다.

석가모니 부처님은 출가할 때 많은 것을 버렸다. 궁에서 입던 예복도 그중 하나였다. 출가 직후 허름한 옷을 입은 수행자가 되었으며, 성도 후 초기에는 분소의(糞掃衣)를 입었다. 시간이 흘러 부처님 가르침에 귀의하는 사람들이 늘어나고 출가자 수가 급증했다. 이는 빔비사라왕이 자신의 주치의인 지바카를 부처님 교단에 파견함으로써 출가하면 무료로 치료받을 수 있다는 소문이 퍼진 것도 한몫했다. 그런데 한꺼번에 많은 사람이 몰리다 보니 승가에 달갑지 않은 불청객이 찾아왔다. 바로 전염병이었다.

지바카는 승가에 병을 옮기는 원인으로 분소의를 지목했다. 그러면서 부처님에게 비위생적인 분소의 대신 보시받은 새 천으로 가사를 만들어 입을 것을 건의한다. 부처님이 승낙하자, 지바카는 파조타왕을 치료하고 받은 천 500필을 부처님과 승가에 공양한다. 이후부터 승가는 깨끗한 천으로 가사를 만들어 입었다. 당시 인도에서는 까시국에서 나는 옷감을 최고로 쳤는데, 이러한 최상급 옷감 역시 보시를 받아 스님들의 옷과 가사를 만들었다.

낡고 해진 옷을 입던 스님들이 부드럽고 고운 천으로 옷을 만들어 입자, 자연스럽게 출가수행자가 너무 값비싼 옷을 입는 것이 아니냐는 의문이 제기되었다. 한 번은 꼬삼비국 우전왕의 왕비가 스님들에게 최고급 옷감 500필을 보시했는데, 스님들의 사치를 의심한 우전왕이 아난 존자에게 물었다.

"이 많은 옷을 다 어떻게 하시렵니까?"

"여러 스님에게 나눠 줄 것입니다."

"스님들이 입던 낡은 옷은 어떻게 하시렵니까?"

"헌 옷으로는 이불 덮개를 만들고, 헌 이불 덮개로는 베갯잇을 만들며, 헌 베갯잇은 방석을 만드는 데 사용하고, 헌 방석은 발수건으로 쓸 겁니다. 헌 발수건은 걸레로 만들고, 헌 걸레는 잘게 썰어 진흙과 섞어서 벽을 바르는 데 쓰겠습니다."

아난 존자의 말을 들은 왕은 크게 감동하여 의심을 내려놓는다. 이 일화를 통해 알 수 있는 사실은 아주 먼 옛날부터 스님들은 일부러 좋고 나쁨을 구분하여 옷을 입지는 않았다는 점이다. 보시받은 옷감이 상품(上品)이건 하품(下品)이건 분별하지 않고 입었음을 알 수 있다. 그런데 과연 무엇이 명품이고 고급일까? 차는 딱 한 번만 주행하더라도 중고차가 된다. 옷 역시 한 번 입으면 헌 옷이 되어 버린다. 이런 관점에서 보면 우리가 '명품'이라고 부르는 건 그저 허울 좋은 이름일 뿐이다.

만약 누군가 스님들이 고급 옷을 입고 다닌다고 비난한다면, 나는 당당히 "그렇습니다"라고 말하겠다. 스님들이 입

는 옷은 모두 불자들이 보시한 옷이다. 어느 옷 하나 소중하지 않은 것이 없고 명품 아닌 것이 없다. 가치로 따지자면 인간세계의 명품은 감히 비할 바가 안 되고 신이 입는 옷에나 비견할 수 있을 것이다. 세상 어느 불자들의 시주가 귀하지 않은 것이 있겠는가? 그렇기에 나는 "불자들의 정성과 마음이 담긴 명품을 입습니다"라고 당당히 말할 것이다.

먹방 유감

한국의 인사말에는 식사와 관련된 내용이 많다. 누군가를 만나면 "식사하셨어요?" 하고 묻고, 또 헤어질 때면 "다음에 식사 한번 같이 해요" 하고 습관처럼 작별 인사를 건넨다. 이는 가난하던 보릿고개 시절, 에둘러 상대방의 안부를 묻곤 했던 데서 유래를 찾을 수 있다. 다들 먹고살기 힘든 상황에서 나보다 먼저 남을 걱정하고 배려해 온 한국인의 따뜻한 정을 새삼 확인할 수 있는 대목이다. 가까운 사이를 이르는 '식구'라는 표현 역시 그러한 정서가 짙게 묻어나는 말이다.

음식을 먹는다는 건 그 자체로 커다란 즐거움이다. 음식으로 영양분을 섭취함으로써 기본적인 생존의 욕구를 충족하고 에너지를 충전할 수 있기 때문이다. 심지어 음식을 함께 먹으며 사업을 의논하면 계약 성사율이 높다는 통계가 있다. 이를 오찬 효과(Luncheon Effect)라고 하는데, 맛있는 음식을 먹을 때 섭취하는 포도당과 단백질 등의 영양소가 상대방에 대한 호감을 자극해 긍정적인 반응을 일으킨다는 것이다.

요즘 한국 사회는 음식과 먹기에 열광하고 있다. 이른바 '먹방'이라고 하여 TV나 소셜 미디어에 음식을 주제로 한 프로그램이 우후죽순 생겨나고 있다. '먹방'은 먹다의 '먹'과 방송의 '방'이 합쳐진 신조어다. K-컬쳐를 상징하는 콘텐츠로서 국제적인 인기를 끌고 있으며, 'Mukbang'이라는 영어식 표기까지 나올 정도이다.

먹방이 유행하게 된 이유는 무엇일까? 우선 1인 가정의 증가를 원인으로 꼽을 수 있다. 혼자 사는 사람이 늘면서 밥을 먹을 때 외로움을 달래기 위해 방송을 켜 놓는 사람이 늘어난 것이다. 그리고 일상에서 오는 스트레스를 날려 버릴 방편으로 '맛'을 추구하는 사람이 늘어난 것도 한 가지 원인으로 분석할 수 있다. 입맛이나 가격 등 여러 가지 이유로 내가 먹을 수 없는 음식을 다른 사람이 먹는 모습을 보면서 대리만족을 느끼기도 한다.

먹방의 유익함은 시청자들이 정서적 안정감을 얻고 스트레스를 해소할 수 있다는 데 있다. 하지만 부작용이 만만치 않다. 대개 먹방은 늦은 시간대에 방송되는 경우가 많아서, 이를 본 사람들이 밤늦게 음식을 먹는 일이 늘어났다. 또 자극적인 맛이나 과도한 양을 섭취하는 일이 잦아졌다. 그러다 보니 비만, 대사증후군, 역류성 식도염 같은 여러 가지 건강상의 문제들이 발생하고 있다.

실제로 2023년 질병관리청의 통계에 따르면, 한국인의 비만율은 37.2%로 열 명 중 네 명이 비만이라고 한다. 특히 몇 년 사이에 10~20대의 비만율이 급격히 증가했다고 한다. 이는 먹방이 주 소비층인 청소년의 식습관에 악영향을 미치고 있음을 보여 주는 간접적인 증거이다.

어떻게 하면 이 문제를 바로잡을 수 있을까? 음식에 대한 전 국민적 인식을 새고하고 긴강한 식습관을 형성하는 데 도움이 될 방안이 무엇일까? 나는 불교의 발우공양에서 해답을 찾고 싶다. 절에서 스님들은 발우공양을 한다. 발우공양에는 차별 없이 먹는 평등공양, 남기지 않는 절약공양, 공덕이 되는 복덕공양의 정신이 깃들어 있다. 발우공양을 할 때 읊는 오관게(五觀偈)에는 욕심을 버리고 먹고, 몸을 유지하기 위한 약으

로 삼아 먹으며, 중생에게 이익이 되는 수행을 하기 위해 음식을 먹는다는 뜻이 담겨 있다.

인간과 축생의 삶은 궤를 달리한다. 보통 인간은 하루 세 번 식사를 하는 반면 축생은 시도 때도 없이 먹는다. 언제 또 음식을 얻을 수 있을지 알 수 없는 축생은 눈앞에 먹을 것이 보이면 일단 먹고 봐야 한다. 그들에게는 먹는 일이 삶의 최우선 순위이다. 늘 먹을 것만 생각하고 거기에 몰두한다. 이런 삶에 어떤 목적과 보람이 있을까. 만약 우리가 쾌락의 추구에 빠져 먹는 데만 집착한다면, 그것은 축생의 삶과 다를 바 없다. 좋아하면 습관이 되고 습관이 오래되면 업으로 남는다. 훗날 축생업을 받지 않기 위해서라도 과하게 먹는 생활을 멈춰야 한다.

식욕을 참으라는 말이 아니다. 충분히 먹지 않는 것도 병이다. 먹어야 할 땐 먹어야 한다. 때로는 먹는 즐거움을 누리는 것도 좋다. 다만 그 일이 내 삶에 부정적인 요소로 자리매김하도록 내버려두어서는 안 된다. 매 순간 감사한 마음으로 먹고, 골고루 먹고, 아껴 먹고, 적당히 먹는 발우공양의 정신으로 눈앞의 음식을 대한다면 엇나간 음식에 대한 욕망을 얼마든지 바로잡을 수 있다. 건강한 몸과 마음을 위해, 항시 마음속으로 오관게를 되뇌는 습관을 들여 보자.

이 음식이 어디서 왔는가
내 덕행으로 받기가 부끄럽네
마음의 온갖 욕심 버리고 몸을 지탱하는 약으로 삼아
도업을 이루고자 이 공양을 받습니다.

증오는
실체가 없다

아는 작가분이 한탄하듯 말하길, 지금은 존경이 사라진 시대이며 존경받는 사람은 전부 돌아가신 분들뿐이라고 했다. 부정할 수 없었다.

시쳇말로 오늘날을 '대 증오의 시대'라고 한다. 드라마와 영화는 막장 코드로 가득하고, 현실에서는 인터넷과 SNS에 증오의 정서가 넘쳐흐른다. 아이들은 숙제를 증오하고, 직장인은 월요일을 증오하고, 헤어진 연인은 사랑을 저버린 옛 애인을 증오한다. 코로나 이후 유럽인과 미국인은 아시아인을 증오하게 되었고, 세르비아인은 보스니아인을 증오하고, KKK(미국의 백인 우월주의 극우 집단) 회원들은 흑인·유대인·가톨릭 신자들을 증오한다. 이러한 증오는 개인의 상황과 감정에 따라 크기와 깊이가 달라진다.

나는 몇 년 전부터 정치 관련 방송이나 연예 방송은 잘 보지 않는다. 증오가 판을 치는 최전선이 정치권과 연예계이고, 누구보다 쉽게 증오의 대상이 되는 사람이 정치인과 연예인이기 때문이다. 연예인 중에는 아직 어린 사람도 많아서 그들을 안전하게 보호해야 할 의무가 있다. 그래서 우리나라는 연예면 기사에 댓글을 다는 것을 법으로 금지하고 있다. 그럼에도 어떻게든 조회 수를 높이려는 언론사들이 연예인 기사를 사회면 등 다른 지면에 실어 굳이 악플이 달리게 유도하는 걸 보면 속상한 마음을 가눌 길 없다.

지금 한국 사회는 그 어느 때보다 갈등 지수가 높다. 남녀 갈등, 세대 갈등, 빈부 갈등이 전 세계 5위권에 들어 있다. OECD 갈등관리 지수는 최하위권이다. 갈등의 수위가 높은데 이를 관리할 능력마저 부실하니, 갈수록 갈등이 심화되고 서로에 대한 증오가 깊어만 간다. 우리는 어디쯤에서 이 증오를 멈출 수 있을까?

증오의 끝을 달린 르완다라는 나라가 있다. 벨기에가 강

점하던 시기, 차별 정책으로 인해 르완다 내에서 후투족과 투치족의 갈등이 고조되었다. 그러다 1994년 후투족 지도자가 라디오를 통해 투치족을 죽이는 것이 르완다를 더욱 살기 좋은 곳으로 만든다며 증오심을 부추기는 말을 내뱉었다. 그 후 돌이킬 수 없는 일이 벌어졌다. 후투족이 투치족과 후투족 중도파 100만 명을 학살하는 최악의 제노사이드(Genocide)가 발생한 것이다. 당시『타임(Time)』지는 "증오심이 피해자와 그 가족에서 출발해 점차 광범위한 사회 계층으로 확산되면서 엄청나게 몸집을 불렸다"라며 사태의 원인을 분석했다.

인간은 누구나 증오의 대상이 될 수 있다. 증오의 무서움은 가해자가 피해자가 되고, 다시 피해자가 가해자가 되는 악순환의 고리를 만들어 내는 데 있다. 곰곰이 생각해 보자. 나의 가난이 일자리를 빼앗는 외국인 근로자들 때문이라면, 그들을 쫓아내면 모든 문제가 해결될까? 만에 하나 그렇게 해서 일자리가 풍족해지고 경제 상황이 좋아진다고 한들 증오를 멈출 수 있을까? 사회가 지금보다 평등해지거나 가계 수입이 늘어서 살림살이가 나아지면 증오가 멈출까? 그럴 리 없다. 증오의 마음은 또 다른 곳에서 증오의 대상을 찾아낼 것이다.

증오를 멈추는 데는 외적인 조건이 따로 없다. 다만 현실을 바로 보고[正見], 내면에서 들끓는 분노를 멈춤으로써 없앨 수 있다. 증오는 나와 남이라는 분별심과 욕심을 양분으로 삼아 자란다. 남보다 더 갖고 싶고, 나보다 더 가진 사람을 보면 시기와 질투가 일어나고, 그 마음이 미움으로 커져서 증오로 표출되는 것이다.

지혜로써 삶을 관조하면 어리석은 분별심과 욕심을 내려놓을 수 있다. 내가 잘되면 감사한 마음으로 세상에 베풀고, 남이 잘되면 진심으로 그를 축하하고 응원할 수 있다. 증오란 사실 실체가 없다. 단지 욕망이 빚어 낸 부정적인 감정의 분출일 뿐이다. 이를 분명하게 알 때 비로소 우리는 증오라는 악연의 뿌리를 끊어 낼 수 있을 것이다.

꽃으로도
때리지 말라

대학의 봄은 눈부시다. 활기차게 캠퍼스를 누비는 학생들의 모습은 싱그럽다 못해 보는 이의 마음마저 들뜨게 한다. 대학교 인근의 설에 살면서 좋은 점이 있다면 이런 게 아닐까 싶다. 젊음과 청춘의 곁에 있다 보면 자연스레 내 안에서도 활력이 샘솟는다.

또 다른 장점은 학생들과 이야기 나눌 기회가 많다는 것이다. 불교와 인연이 있어 일부러 절을 찾아오는 학생들도 있지만, 더러는 쉬는 시간이나 남는 시간에 절에 들르는 학생들도 있다. 그들과 나란히 앉아 친구 관계, 전공, 미래에 대한 고민 등 다양한 주제로 이야기를 나누다 보면 서로가 서로에게 힐링의 존재가 되어 주는 듯 느껴진다. 어쩌면 어쭙잖게 고민을 들어준답시고 내가 그들에게서 더 많은 에너지를 얻는지도 모르겠다.

학생들과 차 한 잔 기울이며 대화를 하다 보면 가끔 눈물을 흘리는 아이들이 있다. 무슨 얘기든 다 들어주고 위로해 줄 것만 같은 스님을 만나니, 다른 사람에게는 말 못 할 사정을 속 시원히 털어놓고 싶어지는가 보다. 대개 이런 아이들이 들려주는 사연은 과거에 겪은 따돌림이나 학교 폭력에 관한 내용이다. 이야기를 듣다 보면 그 힘든 시절을 혼자서 어떻게 견뎌 왔는지, 대견하고 안쓰럽고 미안한 마음에 눈물이 어른거린다. 내가 해 줄 수 있는 일이라곤 힘이 될 만한 부처님 말씀을 들려주면서 애썼다고, 이제 다 괜찮을 거라고, 어깨를 토닥여 주는 것뿐이다.

학교 폭력이 사회적 문제로 대두된 건 꽤 오래전 일이지만 여전히 학교 안팎에서 공공연히 이런 일이 벌어지고 있다. 고위 공무원이 아들의 학교 폭력 흔적을 지우기 위해 법을 악용했다는 사실이 밝혀지면서 전 국민적 공분을 샀던 일, 학교 폭력 피해자가 모질고 처절하게 가해자들에게 복수하는 내용을 담은 드라마가 인기를 끌었던 일 등은 지금도 우리 사회에 존재하는 어두운 한 난면을 보여 주는 분명한 사례일 것이다.

석가모니 부처님이 제따와나에 계실 때 육군 비구(六群比丘, 악행을 일삼던 여섯 명의 비구)가 한바탕 소동을 벌인 적이 있다. 다른 비구 스님을 두드려 팬 것이다. 상황을 알게 된 부처님이 제자들을 불러 말했다. "비구들이여, 자신이 그러하듯이 다른 사람도 몽둥이를 두려워하고 죽음을 두려워한다. 그러므로 다른 사람을 때려서도 안 되고 죽여서는 더더욱 안 된다." 이어서 다음과 같은 게송을 읊었다.

> 살아 있는 생명은 폭력에 떨고 죽음을 두려워한다.
> 내가 두려워하듯 남도 그러하니 그 누구도 괴롭히지 마라.
> - 『법구경』「도장품(刀杖品)」 129번 게송

육군 비구는 다른 비구를 때리지 못하게 되자, 이번에는 험악하게 인상을 구기며 주먹을 내보이고 협박을 일삼았다. 이에 다시 부처님이 법문했다. "비구들이여, 내가 그렇듯이 다른 사람도 몽둥이를 두려워하고, 내가 그렇듯이 다른 사람도 생명을 소중히 여긴다. 항상 이렇게 생각하며 다른 사람을 때려서도 안 되고 죽여서는 더더욱 안 된다." 이어서 다음과 같은 게

송을 읊었다.

> 모든 존재는 폭력을 두려워하고 생명을 소중히 여긴다.
> 내가 소중히 여기듯 남도 그러하니 그 누구도 해치지 마라.
> – 『법구경』「도장품」 130번 게송

부처님 말씀처럼 살아 있는 생명은 모두 폭력을 두려워한다. 폭력은 어떠한 명분으로도 정당화될 수 없다. 신체적 학대만이 아니라 심리적 괴롭힘 역시 마찬가지다. 아무리 친한 사이라도, 가족이든 친구 사이든지 간에 장난으로도 폭력을 행해서는 안 된다. '그냥', '무심코', '장난'이라는 무책임한 말로 자행된 폭력이 누군가에게는 평생 씻을 수 없는 상처로 남을 수 있음을 명심해야 한다.

인과(因果)의 종교이자 업(業)의 종교인 불교에서는 내가 저지른 일이 훗날 고스란히 나에게 되돌아온다고 가르친다. 자작자수(自作自受) 자업자득(自業自得), 이것이 삶의 이치다. 꽃으로도 때리지 말라. 꽃도 예쁘지만, 사람은 그보다 더 아름다운 존재라는 사실을 잊지 않는 계절이 되었으면 한다.

행복의 조건

이제 막 대학생이 된 딸과 부모가 함께 인사를 왔다. 스님을 만나면 혹시 어떤 질문을 받을지도 몰라서 미리 불교 공부를 해 왔다는 아이의 말이 어찌나 어여쁘고 기특하던지. 그 정성을 들어 보고픈 마음에 선뜻 질문 하나를 던졌다. "공부해 보니까 불교란 무엇이던가요?" 아이의 대답은 간단명료했다. 불교란 '행복을 알려 주는 종교'라는 것이다. 이보다 훌륭한 답이 있을까. 나는 아이에게 불교에 대해 잘 배웠다며 거듭 칭찬의 말을 해 주었다.

그렇다. 열반은 '고통스러운 윤회에서 벗어난 지극히 행복한 상태'이고, 걱정과 근심과 번뇌를 모두 떠난 해탈 역시 지극한 행복의 상태이다. 사만냐까니 장로는 「테라가타」에서 "행복을 추구하는 자는 팔정도를 닦아야 이를 얻을 수 있다"라고 말한다. 즉, 불자는 모두 행복을 추구하는 사람이다. 어디 불자들뿐이겠는가. 세상 사는 사람 누구나 인생의 제일 목표는 행복일 것이다.

현재 대한민국 국민들은 행복할까? 행복의 조건과 기준은 사람마다 다르기에 행복 수치를 명확히 측정하기란 어렵다. 그러나 적어도 사회적 환경이 행복에 적잖은 영향을 미치고 있음은 부정할 수 없다. 나를 둘러싼 주변 환경이 평화롭고 안정적이면 당연히 개인의 삶도 그런 가능성이 커지고, 반대로 세상이 늘 시끄럽고 다툼과 갈등이 반복되면 개인의 삶 또한 평온할 수만은 없을 테니 말이다. 이로써 짐작건대, 지금 한국인들의 삶은 그다지 행복하지 않을 듯싶다. 그 어느 때보다 사회 갈등 지수가 높은 요즘이기 때문이다.

글로벌 여론조사 기관 IPSOS가 28개국 2만 3천 명을 대상으로 사회적 갈등을 조사한 바에 따르면, 한국은 문화 갈등과 민족 갈등 부문에서 세계 평균을 웃도는 상위권이다. 정치 갈등과 학력 갈등, 남녀 갈등은 28개국 중 1위였다. 노동자 갈등 역시 3위를 차지하는 등 전반적으로 갈등 지수가 최상위권이었다. 전국경제인연합회가 OECD, World Bank 자료를 토대로 조사한 결과도 비슷하다. BBC 조사에서는 관용도 부문도 최하위로 나타났다. 갈등 지수가 높다는 건 그만큼 사회적 스트레스가 많다는 뜻이니 행복과는 거리가 멀 수밖에 없다.

다행인 점은 한국인 스스로 불행을 인지하고 있다는 사실이다. 알면 변할 수 있다. 철학자이자 소설가인 알랭 드 보통은 "미국인은 행복하지 않으면서 행복하다고 생각하는데, 한국인은 행복하지 않다는 것을 알고 있고 자신들이 해야 할 일이 있다는 걸 알고 있다"라고 말했다.

불행을 초래하는 갈등의 원인은 다양하지만, 나는 그중 하나로 지나친 평등 강조를 꼽고 싶다. 평등을 너무 강조하다 보면 획일화와 표준화에 집착하게 되어 견해, 문화, 사상의 차이를 틀린 것으로 여겨 배척하게 된다. 세계의 아름다운 명화를 보라. 그것들은 다양한 색깔으로 이루어져 있다. 만약 그 색을 모조리 섞어 버린다면 세상의 그림은 하나같이 검은색 음영밖에 남지 않을 것이다. 다양성이 살아 숨 쉬는 세상, 서로 다른 견해가 존중받는 사회야말로 진정으로 아름다운 사회이다.

그렇다면 행복하기 위해 무엇을 해야 할까? 『숫따니빠

따』「행복의 경」에서는 "존경하는 것과 겸손, 만족과 감사할 줄 아는 마음으로 때에 맞추어 법문을 듣는 것이야말로 더없는 행복이다"라고 하였다. 내 생각만이 옳다는 아집을 내려놓고 다른 사람의 생각을 존중하고 받아들이는 것, 현재에 만족하고 감사할 줄 아는 게 행복의 시작이다. 나아가 훌륭한 가르침을 반복해서 들으며 그에 걸맞은 삶을 살아간다면, 마음의 그릇이 커져서 삶에 관용과 포용 그리고 여유와 유머가 가득하게 될 것이다.

티베트 속담에 '걱정을 해서 걱정이 없어지면 걱정이 없겠네'라는 말이 있다. 이는 샨티데바 스님의 『입보리행론』「인욕편」에 나오는 "문제가 있을 때 해결책이 있으면 낙담할 이유가 있을까? 만일 해결책이 없다면 낙담해 보았자 무슨 소용이 있을까?"라는 말의 쉬운 풀이이다. 이래저래 걱정하고 낙담해 봐야 달라질 건 없다. 무언가 달라지기를 바란다면 지금 당장 해야 할 일을 하면 될 뿐이다.

먼저 내 집 앞에 쌓인 눈을 쓸다가 보면 덩달아 큰길가의 눈도 치워지고 이내 가려졌던 길이 모습을 드러낼 것이다. 그러는 가운데 여러 사람이 모여 합심하게 된다면 더할 나위 없을 테다.

학교에서
가르쳐야 할 것들

아이들 교육은 한 나라의 미래를 결정짓는 중차대한 과제이다. 그런데 어느 순간부터 학교 교육이 학원가에 주도권을 내어 주고 뒷방 늙은이 신세가 되어 버렸다. 백년대계를 세워도 모자랄 판에 수장의 정치 성향에 따라 갈팡질팡 길을 헤매고 있다. 그러는 사이 학원을 비롯한 사교육 시장은 성적 위주의 경쟁심을 아이들 뇌리에 주입하고 있다. 이들은 돈이 되는 성적표에만 목매달 뿐 아이들의 인성이나 적성, 내면 계발에는 무관심하다.

알다시피 우리나라는 한 사람이 어엿한 성인으로 홀로서기를 할 수 있을 때까지 필요한 거의 모든 교육을 학교가 담당한다. 문제는 요즘 학교가 자신의 역할을 충실히 이행하지 못하고 있다는 점이다. 살아가는 데 필수적인 가르침을 학교에서 배울 수 있느냐고 물었을 때, 과연 자신 있게 그렇다고 답할 수 있는 사람이 몇이나 될까? 미래의 초석을 다지고 아이들에게 장밋빛 미래를 그려 주어야 할 어른의 한 사람으로서 한탄이 절로 나오는 상황이다.

나이가 들고 보니 '어릴 때 학교에서 배웠더라면 좋았겠다' 하고 아쉬움을 느끼는 공부가 많이 있다. 가령 싸웠을 때 친구와 화해하는 법, 아이 키우는 법, 연애하는 법, 공동체의 일원으로 함께 사는 법, 돈을 관리하는 법 등이다. 이것들은 살면서 우리가 반드시 마주하는 상황이자 자주 곤란함을 초래하는 일들이다. 학교에서 배우는 삼각함수나 미적분이 직장 생활에 도움이 될지는 모르겠으나 이러한 일상의 문제들에 대한 답을 알려 주지는 않는다. 우리 삶에는 수학 공식만큼이나 인생의 공식도 필요하다.

언젠가 미국의 한 고등학교에서 진행한 이색적인 수업 이야기를 들은 적이 있다. 이른바 '아이 키우기' 수업이었다. 교사가 학생들에게 아기 인형을 하나씩 나눠 준 다음 인형을 어린아이 돌보듯 잘 보살피게 했다. 인형은 퍽 아기와 비슷한 면이 있어서 실제로 인간 아기처럼 울기도 했다. 그럴 때 젖병을 물리거나 기저귀를 갈아 주거나 안아 주면 울음을 그쳤다. 학생들은 시도 때도 없이 울어 대는 아기 인형을 달래느라 밤잠을 설치기 일쑤였고, 심지어 수업 중에 복도로 나가 아기 인형을 어르기도 했다. 결과적으로 학생들은 이 과정을 통해 부모의 책임감, 무분별한 성생활에 대한 경각심, 생명의 소중함 등을 배울 수 있었다.

바로 이런 게 학교의 참다운 모습이 아닐까. 학교는 아이들에게 정해진 답을 찾는 방법뿐 아니라 각자의 답을 찾아가는 법에 대해서도 알려 주어야 한다. 이는 자본주의 사회가 그토록 강조하는 경제 교육에서도 마찬가지다. 유아기부터 돈, 교환, 물건 구입 등의 기초 교육을 가르치되 가치 탐구를 중심으로 하는 교육 방식을 따른다면 경제적으로 건강한 개인과 사회를 만들어 살 수 있을 것이다.

재난 교육도 중요하다. 2011년 동일본 대지진 당시 벌어진 '우즈노마이 초중등학교의 기적'과 '오카와 초등학교의 비극'을 반면교사 삼아 안전 문제 발생 시 이에 대응하는 법을 가르쳐야 한다. 최근 포항과 경주 일대에서 연달아 지진이 발생함에 따라 지진에 대한 경각심이 높아지고, 덩달아 심폐소

생술이나 응급처치 등의 교육을 의무화하는 노력이 일어나고 있지만 아직은 충분치 못하다. 여전히 형식적인 시간 할애에 불과한 경우가 많다.

끝으로 학교에서 반드시 가르쳐야 할 게 있다면 차별하지 않는 태도이다. 나와 다른 가치관과 생각, 종교, 젠더의식을 가졌다 하더라도 차별하지 않고 함께 살아가는 법을 교육해야 한다. 물론 나만 옳고 다른 것은 틀렸다고 가르치는 학교나 교사는 없을 것이다. 하지만 자연스레 알겠거니 하는 사이에 아이들은 자극적인 외부 환경의 영향으로 이기심과 차별심에 물들어 가고 있다.

부처님은 이 세상에 필요 없는 생명은 없다고 가르쳤다. 이것이 있기에 저것이 있고 다른 생명이 있기에 내가 있다. 존재의 이치가 이러하다. 곧 나의 삶은 다른 삶과 직결되어 있다. 그러니 다 같이 행복해야만 하는 것이다.

어떠한 생물일지라도
약하거나 강하고 굳세거나
작은 것이나 큰 것이나
눈에 보이는 것이나 보이지 않는 것이나
멀리 살고 있는 것이나 가까이 살고 있는 것이나

이미 태어난 것이나 앞으로 태어날 것이나

살아 있는 모든 것은 다 행복하라.

- 『숫따니빠따』「자애경」 중

언젠가 대한민국 학교가 자비·생명 존중·불이(不二)와 같은 더 깊은 가치를 가르치고 배우는 인생의 요람으로 거듭나길 손꼽아 기다려 본다.

헬조선 탈출법

예전에 '사후세계'를 주제로 하는 방송에 출연한 적이 있다. 익숙한 주제이기는 했지만, 현대인의 삶에 와닿을 수 있는 이야기를 들려주고 싶은 마음에 사전 자료 조사를 좀 했다. 그러다 '헬조선 지옥불반도'라는 지도를 보게 되었다. 한국에서 태어나 산다는 건 지옥에서 사는 것과 비슷하다고 하여 '헬조선'이라는 단어가 유행하기 시작했는데 그 파생물로 생겨난 그림이다. 지도에는 노예전초지, 백수의 웅덩이, 자영업 소굴 등 현대 한국인의 고단한 삶을 암시하는 비유적 표현들이 가득했다. 이 그림에 대한 해석에는 여러 가지 버전이 있지만, 타고난 복(돈과 연줄)이 없는 사람 앞에는 결국 지옥 같은 삶이 펼쳐질 뿐이라는 게 공통의 메시지다.

긴 세월 해외 구호 활동을 하며 경제적으로 어려운 나라를 수도 없이 다녀온 나에게, 이 어설픈 그림 한 장은 큰 충격으로 다가왔다. 한 번도 우리나라를 '지옥' 같다고 생각해 본 적이 없고, 또 사람들이 이렇게나 한국 사회를 부정적으로 인식하고 있을 줄은 몰랐기 때문이다. 어쩌다 우리나라는 지옥이 되었을까? 왜 사람들은 이 나라를 헬조선이라 부를까?

이에 관해서는 몇 가지 통계 자료를 근거로 들 수 있다. OECD 국가 가운데 가장 낮은 출산율, 반면 가장 높고 치열한 교육열, 최하위 수준의 사회 복지, 역시 최하위 수준의 어린이·청소년 행복 지수, 열악한 노동 환경과 안전불감증, 높은 가계부채 등이다. 또한 10만 명당 30명에 육박하는 자살률(OECD 평균의 2배 이상)을 가진 나라가 바로 내 대한민국이다. 조사에 따르면, 최근 5년(2019년~2023년)간 이라크전쟁 사망자 수의 약 2배, 아프가니스탄전쟁 사망자 수의 약 5배에 이르는 사람이 스스로 생을 마감했다고 한다. 이 모든 사회적 환경과 맞물려서 갈수록 심화되는 빈익빈 부익부 현상, 계층의 사다리 붕괴로 인한 패배 의식의 확산이 지금의 헬조선을 탄생시킨 주요 원인이다.

불교에서는 지옥을 다른 말로 나락(奈落)이라고 표현한다. 쉽게 말해 '절망에 떨어졌다'라는 뜻이다. 불교에서 말하는 지옥의 종류는 팔만사천 가지가 넘는다. 이렇게나 많은 지옥이 생겨난 배경은 사람들이 짓는 죄의 종류가 그만큼 다양하기 때문이다. 대표적인 불교 지옥으로는 층층이 뜨거운 고통을 받는 8열지옥, 층층이 극한의 추위에 고통받는 8한지옥, 죽은 후 열 명의 시왕에게 심판받으며 죄의 종류와 경중에 따라 고통받는 10대 지옥이 있다.

경전 등에서 묘사하는 지옥의 모습은 처참하다. 입으로 죄를 지은 사람은 혀가 뽑히고 갈리는 벌을 받고, 살인을 저지른 자는 끊임없이 죽임을 당하고 살아나고 또 죽임을 당하길 반복한다. 그러나 무시무시한 이미지와는 달리 지옥은 그 자체로 나쁜 세상은 아니다. 죄에 따라 고통을 받을지언정 그것이 끝은 아니기 때문이다. 물론 가지 않을 수 있다면 최상이겠으나, 만에 하나 지옥에 가더라도 죗값을 달게 받고 새롭게 거듭날 수 있다. 나아가 보살의 원력을 품고서 지옥에 간다면 오히려 큰 공덕을 짓는 기회가 될 수도 있다.

반면에 헬조선이라는 말에는 일말의 희망조차 없다. 아무리 노력한들 스스로의 힘으로는 벗어날 수 없고 나아질 여지가 없기 때문이다. 결론적으로 헬조선에서 탈출하기란 불가능하다. 유일한 길은 '지옥'을 '극락'으로 바꾸는 것뿐이다. 그렇다면 이러한 극적인 전환은 어디서부터 시작될까? 나는 불교의 회향 정신에서 답을 찾고 싶다. 회향은 공덕을 지은 뒤에 그 공덕의 대가를 다른 사람에게 돌리는 일을 말한다.

미얀마 오지에는 지금도 보릿고개가 있다. 참깨를 수확하기 전 약 한 달 동안 춥고 배고픈 시절을 보낸다. 그 후 수확철이 되면 깨를 판 돈을 모아 스님들에게 공양을 베푸는 행사를 연다. 푸짐하게 준비된 음식을 먼저 노스님에게 대접하는데, 이때 노스님은 딱 세 숟가락을 떠먹는다. 그다음 스님들도 똑같이 그렇게 한다. 그러고 나서 남은 음식은 마을 어르신들에게 돌아가는데, 그분들도 조금씩만 먹는다. 장년, 청년도 마찬가지다. 오직 맨 마지막 차례인 아이들만이 배불리 음식을 먹는다. 비록 어려움은 모두의 것이었으나, 마을의 미래인 아이들을 위해 다들 자신의 몫을 양보한 것이다. 회향 정신의 지극한 예라고 하겠다.

알다시피 한국의 경제력 수준은 전 세계 최상위권이다. 그러나 절대적 빈곤에 시달리는 나라에 비해 평균적인 삶의 질은 높을지 몰라도 부의 불균형은 나날이 커지고 있다. 한쪽에서는 부가 눈덩이처럼 불어나고 다른 쪽에서는 빚이 태산

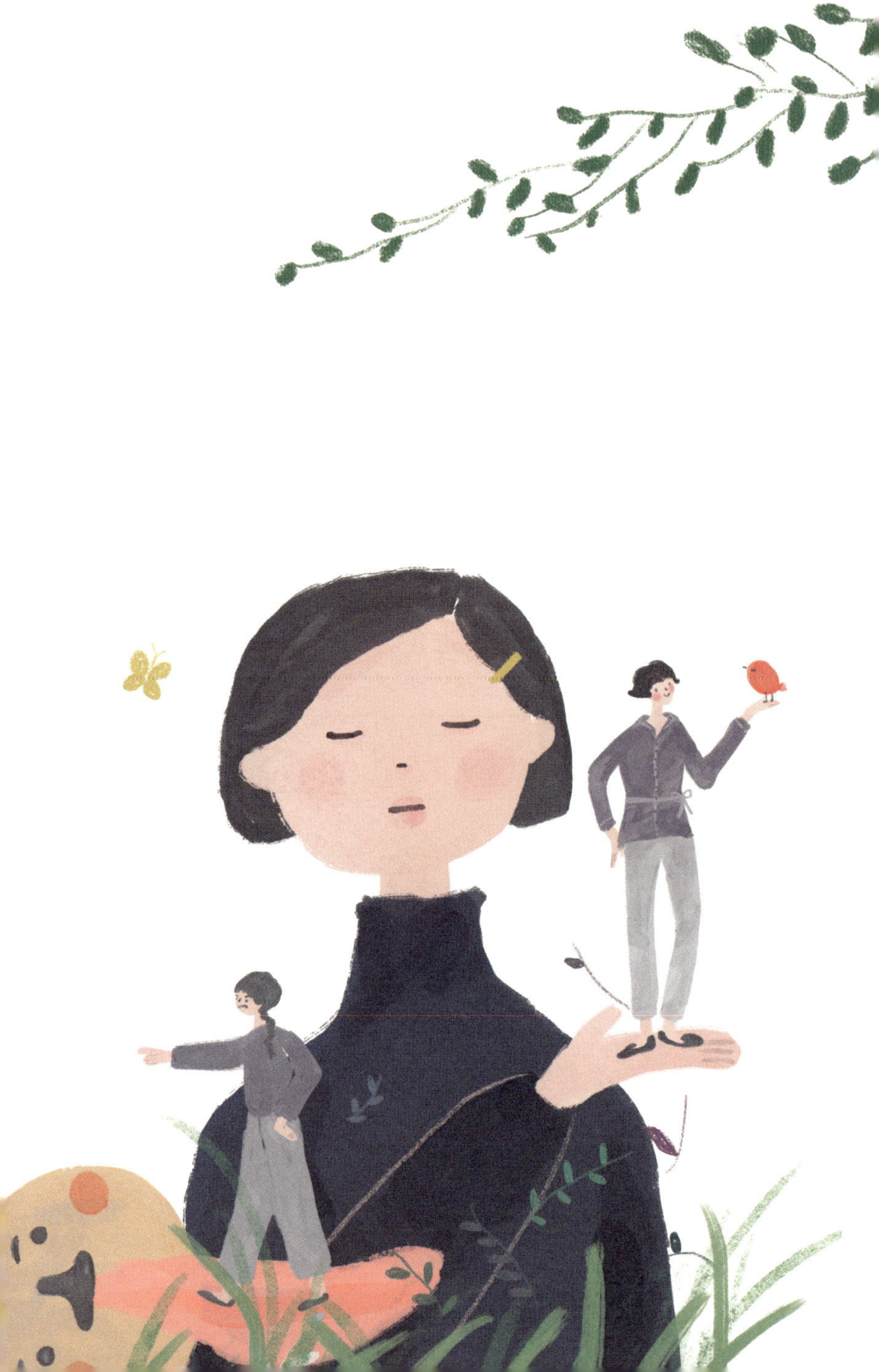

처럼 쌓인다. 이러한 불평등 문제를 회향으로 바로잡을 수 있다. 평소 조금씩 나누고 양보하며 필요한 곳에 쓰이도록 배려하는 마음을 낸다면 지금보다 세상이 살 만해지지 않을까.

남이야 어찌 됐든 나만 잘살면 된다는 어리석은 마음은 결국 온 세상을 지옥으로 만들 뿐이다. 세상이 지옥인데 나라고 안온할 수 있을까? 세상이 지옥이면 내 삶도 지옥이요, 세상이 극락이라야 내 삶도 극락이다.

**마음 씀의
미학**

전통 사찰 옆에는 크고 작은 샘이나 계곡이 있다. 절이 풍수지리적으로 최고의 산중 명당에 자리 잡은 까닭이다. 그래서 웬만하면 사시사철 물이 부족할 일이 없지만, 낮은 산이나 바위산 혹은 산 정상 가까이 위치한 절에서는 간혹 물이 부족해 생활에 불편을 겪기도 한다. 비가 내려도 빗물이 충분히 땅에 스미지 못하고 금세 바깥으로 빠져나가 버리기 때문이다.

    수년 전 내가 머물던 절이 그랬다. 바위산에 둘러싸여 있는지라 항상 물이 귀했다. 행사가 있을 때면 급수차로 물을 신고 와야 할 정도였다. 다행히 나중에는 상수도가 들어와서 생활에 큰 어려움은 해소되었지만, 그렇다고 물을 함부로 쓸 수는 없어서 식수용은 수도를 사용하고 생활용수는 산의 물을 받아서 썼다. 그러다 보니 계절마다 물길을 살피는 게 일 아닌 일이었다.

보통 봄여름에 물이 부족하고, 가을과 겨울에는 적은 양이라도 물이 흐른다. 겨울에 눈이 내리지 않아 심한 가뭄이 들어도 쪼르르 흐르는 낙숫물은 끊이지 않는데, 오히려 새잎이 돋아나고 연둣빛 숲으로 바뀌는 계절이 되면 한 달간 물길이 뚝 끊기곤 한다. 참 신기한 일이다. 어쩌면 땅속 깊이 뿌리 내린 식물들이 한껏 물을 빨아들이는 까닭일 수 있다. 덕분에 신록은 우거지지만 그만큼 절에서는 물이 간절해진다.

낮과 밤에 흐르는 물의 양도 다르다. 낮에는 적게 흐르다가 밤이 되면 낮보다는 좀 더 많이 흐른다. 이 또한 식물들의 생징과 관련이 있으리라. 낮에는 식물들이 활발히 광합성을 하느라 물을 많이 쓰고, 밤이면 그들도 잠이 들 테니 소비하는 양이 적을 것이다.

한편 물이 넉넉한 시절이라도 마냥 마음을 놓을 수 없다. 여름이 고개를 내밀 때쯤 장마가 시작되면 흐르는 물을 잘 살펴야 한다. 빗물이 제 마음대로 다니다 벽이나 축대를 무너뜨릴 수도 있기 때문이다. 물의 본래 성질이야 안 그렇겠지만, 많이 모여서 힘을 과시할 만해지면 앞에 걸리는 것들을 모조리 무너뜨린다. 다만 높은 데서 낮은 데로 흐르는 것이 물의 본성이라 장애물만 없애 주면 순하게 제 갈 길을 간다. 그러자면 배수로의 낙엽과 맨홀에 쌓인 흙을 주기적으로 치워야 한다. 안 그러면 반드시 어디 한 군데에 생채기를 남기고 만다.

언젠가 폭우가 쏟아지던 밤, 도랑에 물길이 잘 열려 있는지 걱정이 되어 삽과 손전등을 챙겨 방을 나섰다. 급작스러운 비에 떠밀려 내려온 낙엽과 나뭇가지로 인해 배수로 입구가 막혀서 물이 길을 찾지 못하고 웅성웅성 모여 있었다. 삽으로 퍼내고 이리저리 휘저었더니 이내 기분 좋은 소리를 내며 빠르게 빠져나갔다. 이렇듯 많으면 많은 대로 적으면 적은 대로 몸과 마음을 쓰게 만드는 것이 물이란 녀석이다.

석가모니 부처님 당시에 평생을 가난하게 산 노인이 있었다. 집에 식량이 떨어져서 부잣집 잔칫날에 일손을 거들어 주고 음식과 품삯을 좀 얻고자 했는데, 늙고 병든 사람은 필요 없다며 문전박대를 당한다. 노인은 평생 자신을 따라다닌 가난을 원망하고 저주하면서 홀로 우물가에 앉아 눈물을 훔쳤다. 그때 옆을 지나가던 가전연 존자가 노인을 보고 말했다.

"나에게 가난을 파시오." 노인은 무슨 뚱딴지같은 소리냐는 듯 스님에게 물었다. "아니 스님, 대체 가난을 어찌 판다는 말입니까?" 그러자 가전연 존자가 말했다. "마침 제가 몹시 목이 마르군요." 그 말을 들은 노인은 우물에서 물 한 바가지를 떠 스님에게 공양했다. 시원하게 물을 마신 존자는 "이제 불자님은 가난을 제게 판 것이 되었습니다. 가난은 제 것이고 공덕은 불자님 것입니다"라고 하였다. 마침내 노인은 스님에게 공양한 물 한 바가지의 공덕으로 가난에서 벗어났고, 목숨을 마친 뒤에는 천상세계에 태어났다.

경전에서 말하는 물 한 그릇의 소중함, 물 한 그릇을 보시한 공덕이 이처럼 크다. 그러니 인연 닿는 사람에게 물 한 그릇이라도 보시하고, 어려운 나라에 우물 하나라도 파 주는 일이 얼마나 복되고 값진 일이겠는가. 하다못해 마당 한편에 작은 물그릇을 떠다 놓고 지나는 날짐승들이 목을 축일 수 있게 하더라도 그 공덕을 이루 말할 수 없다. 이런 마음 씀으로 인해 세상이 지금보다 더 살 만해지는 이치는 새삼 말해 무엇하랴.

길을 잃은
사람에게

산을 오르다 보면 어느 길로 가야 할지, 얼마나 더 올라야 할지 막막할 때가 있다. 우리 삶도 마찬가지다. 인생은 지도 없이 떠나는 여행과 같아서 잠시 후 어떤 일이 벌어질지, 과연 내가 가고자 하는 길이 이 길이 맞는지 쉽사리 예측할 수 없다. 더구나 삶이 내 뜻대로 흘러가지 않는다고 느낄 때는 길을 잃고 헤맬 가능성이 더욱 크다.

    만약 그런 순간에 와 있다면, 잠시 하던 일을 멈추고 고요한 시간을 가져 보길 권한다. 예를 들어 절에 가서 며칠간 템플스테이를 해 보는 것도 좋다. 복잡한 머릿속 생각들을 내려놓고 고즈넉한 지언에서 휴식을 취해 보라. 숲길을 따라 산책도 해 보고 스님과 차담도 나누다 보면 한결 눈앞이 선명해질 것이다.

이렇듯 잠깐의 여유만으로도 일상에 활력을 불어넣을 수 있다. 하지만 장기적인 관점에서 자기 삶을 고민하고 있다면 불교 공부만 한 게 없다. 부처님의 가르침 속에는 시대를 초월한 인생의 지혜가 담겨 있기 때문이다. 비록 부처님 말씀이 못난 얼굴을 잘생기게 만들어 주거나 단숨에 가난에서 억만장자로 변모시켜 줄 수는 없지만, 자기 중심을 가지고 흔들림 없는 인생을 살아가는 데 밑거름이 되어 줄 것이다. 나아가 '나'라는 존재의 특별함과 소중함을 깨닫게 해 주고 삶에서 보람과 행복을 느끼게 해 줄 것이다.

길과 관련된 오래된 이야기가 있다. 꼬살라국 파사익왕의 일화이다. 하루는 파사익왕이 사냥을 나갔다가 아리따운 여인을 보았다. 왕은 그녀를 후궁으로 삼길 원했다. 하지만 여인은 이미 결혼한 상태였다. 이에 왕은 권력을 이용해 여인을 데려오기로 마음먹었다. 파사익왕은 여인의 남편에게 경비병을 맡게 하여 하루 종일 자신의 창과 방패를 들고 있게 했다. 자신이 아끼는 창과 방패를 떨어뜨리면 이를 빌미로 남편을 죽일 심산이었다. 남편은 위험을 알아차리고 죽을힘을 다해 창과 방패를 들었다.

여인의 남편은 한 달이 넘도록 창과 방패를 떨어뜨리지 않았다. 그러자 파사익왕은 다른 꾀를 냈다. 백 리 밖에 있는 연못의 황금 진흙에서 핀다는 빨간색, 파란색 연꽃을 구해 오라고 명령했다. 그 꽃은 전설의 꽃이라 불리는, 구하기가 하늘의 별 따기만큼이나 어려운 꽃이었다. 심지어 왕은 해가 지기 전에 돌아오라며, 그러지 못하면 성문을 닫아 버리겠다고 말했다.

아내를 너무도 사랑했던 남편은 불가능한 일인 줄 알면서도 꽃을 구하러 먼 길을 떠났다. 다행히 그동안 착하게 살았던 공덕으로 선신의 도움을 받아 어렵사리 꽃을 구해서 해가 지기 전 성문 앞에 도착했다. 그러나 왕은 남편이 꽃을 찾아 성문을 나서자마자 문을 닫아 버린 상태였다. 굳게 닫힌 성문 앞에서 좌절하던 남편은 머지않은 죽음을 예감하고 마지막으로 부처님을 뵙기 위해 기원정사로 향했다.

그날 밤 파사익왕은 새로 장가들 생각에 설레어 잠을 이룰 수 없었다. 겨우 새벽녘에 잠이 들었는데 악몽을 꾸었다. 꿈에서는 뜨거운 쇳물이 가득한 불타는 가마솥 안에서 네 사람이 고통스러운 비명을 지르고 있었다. 그들이 가마솥에 한

번 들어갔다가 나오는 데는 3만 년이라는 긴 시간이 걸렸다. 꿈에서 깬 파사익왕은 불길한 생각이 들어 바라문 제사장을 불렀다. 제사장은 어린 남녀 수백 명을 제물로 바쳐야만 흉한 일이 생기지 않을 거라고 말했다. 하지만 무익한 살생을 말리고자 했던 신심 깊은 말리까 왕비는 함께 부처님을 찾아가 보자고 권했다.

파사익왕은 왕비와 함께 기원정사로 가 부처님을 뵙고 법문을 들었다. 부처님이 말하길, 왕의 꿈에 나온 네 사람은 스님 한 분을 태워 죽인 과보로 그러한 벌을 받고 있다고 했다. 그러면서 인과의 가르침을 들려주었다. 살생의 과보가 이러할진대, 수백 명의 생명을 빼앗는다면 어떤 무서운 과보를 받게 될까. 부처님의 가르침에 파사익왕은 다음과 같이 지난 밤의 소회를 밝혔다.

"부처님이시여, 저는 오늘에야 하룻밤이 길고도 길다는 사실을 알았나이다." 그때 먼저 와서 부처님 옆에 앉아 있던 여인의 남편이 말했다. "대왕께서는 하룻밤이 길다고 하셨지만, 저는 어제야 비로소 백 리 길이 그토록 먼 줄을 알았습니다." 이 말을 들은 부처님이 다시 법문을 설했다.

잠 못 드는 이에게 밤은 길고 피곤한 나그네에게 길은 멀다.

진리를 모르는 이에게 생사의 밤길은 길고도 멀다.

- 『법구경』「우암품(愚闇品)」 60번 게송

얼마 전 절 근처에 많은 사람이 모여 웅성대는 걸 보았다. 산으로 올라가는 경찰관들을 보면서 뭔가 큰일이 생겼구나 싶었다. 아니나 다를까, 치매 증상이 있는 50대 남성이 실종되었다는 신고를 받고 수색 중이라고 했다. 갑자기 날씨가 영하로 떨어진 시점이라 다들 걱정이 많았다. 다행히 일주일쯤 지나서 실종되었던 남성은 저 멀리 떨어진 송파 올림픽공원에서 발견되었다. 반가운 소식에 안도의 한숨을 내쉬는데, 문득 짧은 생각이 뇌리를 스쳤다.

우리는 사는 동안 얼마나 자주 길을 잃고 헤매는가. 그때마다 우리는 무엇에 의지해야 하는가. 만약 내가 길을 잃었을 때, 누가 있어 저들처럼 나를 인도하러 와 줄 텐가. 아무리 궁리한들 내가 가진 답은 딱 하나뿐이란 생각이다. 곰곰이 부처님 말씀을 되새겨 볼 따름이다.

보시의 공덕을
알게 하라

영국의 자선지원재단(CAF)과 미국 갤럽의 조사에 따르면, 미얀마는 세계기부지수(World Giving Index, WGI)에서 1위를 차지하고 있는 나라다. 미얀마는 상좌부 불교를 대표하는 나라로서 수많은 국민이 보시를 실천하고 있다. 미얀마 절에 가 보면 투명한 보시함이 놓여 있는 것을 볼 수 있는데, 그 이유는 훔쳐 가는 사람이 없기 때문이다.

　미얀마에 출장을 갔을 때, 인근 사찰에서 큰 법회가 열린다는 소식을 듣고 잠시 시간을 내 들른 적이 있다. 공식적으로 초대받은 행사가 아니라 호기심에 참석한 법회라서 부담 없이 이곳저곳을 둘러볼 수 있었다. 특이했던 점은 그날 법회를 보시한 분들이 제일 앞줄에 자리하고 있는 것이었다. 우리식으로 말하면 설판재자(設辦齋者) 또는 대중공양을 낸 분들이다. 그들은 화려한 전통 의상을 입고 한껏 치장한 모습이었다. 반면 일반 참석자들은 그들 뒤에 질서정연하게 앉아 있었는데, 뒤로 갈수록 사람들 옷차림이 검소해졌다.

나는 짐짓 모른 체하고 맨 뒷줄에 선 사람에게 물었다. "화려한 옷을 입고 제일 앞에 앉아 있는 분들은 누구인가요?" 역시나 예상한 답이 돌아왔다. "오늘 법회를 여는 데 보시를 크게 한 분들입니다." 나는 재차 물었다. "저분들은 맨 앞자리에 앉아 있는데, 당신은 맨 뒷줄에 있군요. 혹시 불편한 생각이 들지 않나요?" 그러자 그는 수줍게 웃으며 말했다. "아니요. 저분들이 있어 오늘의 법회가 마련된 것이니까요. 저분들은 전생에 복을 많이 지어서 크게 보시할 수 있는 거예요. 저도 열심히 수행하고 공덕을 지어서 저분들처럼 많은 보시를 하고 싶습니다."

맨 뒷줄에 선 그 사람은 전생에서 배움을 얻는 인과를 철저히 믿고 있었다. 그래서 다른 사람을 시기질투하지 않고, 자신도 그들처럼 공덕을 쌓아 보시하겠다는 원력을 내었던 것이다. 이것이 바로 인과의 이익이다. 보시하는 즐거움을 알고 착한 마음씨까지 지니게 되는 것 말이다.

법회가 끝나자 제일 앞줄에 있던 사람들은 스님들이 공양하는 장소로 이동해 공양물이 놓인 상을 들고 스님들을 따라 "사두 사두 사두"라고 외쳤다. 사두(sadhu)란 빨리어로 '좋은'을 뜻한다. 우리말로 풀이하면 '선재 선재로다', '착하고 착하도다' 정도로 이해할 수 있다. 즉 공양을 내고 보시한 일에 대해 스님들이 칭찬의 말을 건네는 것이었다. 이렇듯 큰 규모의 보시가 아니더라도 미얀마 스님들은 보시한 이들에게 항상 칭찬의 말을 아낌없이 해 주었다.

한국에도 이런 보시 문화가 널리 자리 잡았으면 좋겠다. 한국 불자들의 뇌리에는 보시할 때 아상을 내지 말아야 한다는 인식이 깊이 각인돼 있다. 그래서인지 보시할 때 다른 사람의 눈치를 보는 경향이 있다. 또한 스님들은 칭찬에 인색한 편이다. 조용히 불러 칭찬과 감사의 뜻을 표할지언정 결코 크게 드러내거나 알리는 일이 없다.

내 생각은 다르다. 많은 사람이 참석하는 법회 같은 자리에서 보시의 공덕을 널리 칭찬해야 마땅하다. 그래야 다른 사람에게 보시가 좋은 것이라는 인식을 심어 줄 수 있고 더불어 선한 영향력도 커질 테니 말이다. 보시하는 사람의 경우도, 마음속으로는 상을 내지 말아야 하겠지만 보시한 일과 보시 자제에 대해서는 주변에 널리 알리고 권해야 한다.

인과를 믿고 공덕을 쌓는 훌륭한 일이 어찌 감추어야 할 일일까? 『삼세인과경』에서 말하길 "만약 전생의 인과를 물을진대, 다만 이생에 있어 복받는 사람을 볼지니라. 만약 후생의 인과를 알고자 할진대, 이 세상에서 행동하고 있는 것을 볼지니라"라고 하였다. 금생에 잘 살고 보시 많이 하는 사람은 전생에 많은 복을 지은 사람이라는 뜻이다. 그렇다면 다음 생을 위해 지금 무엇을 해야 할지 분명해진다. 공덕과 복을 쌓는 불자가 되어야 하는 것이다. 보시를 칭찬하고 알리는 일은 더 많은 사람이 복을 쌓을 수 있도록 이끄는 훌륭한 방편이다.

천진불의 마음

내가 아는 한 어르신은 바깥 행사에 참석할 일이 있으면 일찌 감치 서두른다. 예를 들어 오후 2시에 행사가 시작한다면 적어도 오전 11시쯤에는 행사장에 도착해 있어야 한다. 일찍 가 봐야 딱히 볼거리도 없고 행사 시작 전까지 무료한 시간을 보내야 하지만, 그래도 일찍 도착해서 기다리는 게 마음이 편하다는 것이다.

30분에서 1시간 정도만 일찍 도착해도 충분할 텐데 왜 그렇게 서두르는 것일까? 아마도 살면서 한 번쯤 약속 시간에 늦어 크게 낭패를 본 경험이 있어서일 테다. 다시는 같은 실수를 반복하지 않으리라 다짐하면서 조금씩 일찍 나서다 보니, 이제는 약속 시간 수 시간 전에 도착해야 비로소 안심할 수 있는 지경에 이른 것이리라. 즉 과거의 실수 또는 실패의 경험이 지금의 행동을 만든 것이다.

아이들은 어떨까? 아이들과 노는 건 여간 힘든 일이 아니다. 가끔 절에 오는 아이들과 어울려 놀아 줄 때가 있는데, 잠시만 함께 있어 보면 아이들 부모님이 얼마나 대단한 분들인지 금세 알게 된다. 절로 존경의 마음이 든다. 아이들은 늘 길이 아닌 길로 다닌다. 난간에 매달리고 높은 데서 뛰어내리는 등 일분일초가 아슬아슬하고 조마조마한 순간의 연속이다. 저러다 다치기라도 할까 봐 어른들 마음은 노심초사인데, 아이들은 그저 깔깔대고 웃기 바쁘다. 우리 눈에 보이는 위험이 아이들 눈에는 보이지 않는 걸까? 아니면 아이들 눈에는 전혀 위험하지 않은 것으로 보이는 걸까?

내 생각에 이는 경험에서 비롯된 차이다. 다치거나 아파 본 적이 있는 어른들과 달리 아이들은 그런 기억이 없다. 상처, 아픔, 좌절, 실패의 경험이 있기 전까지 아이들은 자신의 행동에서 두려움을 느끼지 않는다. 이것이 아이들이 항상 기쁘게 웃고 걱정 없이 행복해하는 원동력이다. 어쩌면 어른이 된다는 건 그런 것일지 모른다. 점점 더 두려움과 걱정이 많아지는 것 말이다.

　나이가 들면 몸만이 아니라 정신도 함께 늙어 간다. '내가 해 봐서 아는데' 혹은 '그런 건 해 보지 않아도 알 수 있어'라는 식의 단정적인 생각이나 말은 정신적으로 나이 들었음을 나타내는 증거이다. 지나간 시간을 되돌릴 수야 없지만, 잠시나마 이러한 정신적 늙음에서 벗어나는 방법이 있다. 바로 낯선 곳으로의 여행이다. 다른 나라나 낯선 지역으로 떠나면 모든 것이 새롭고 어색하다. 그것이 불안감으로 작용할 때도 있지만 대개는 즐겁고 신나는 경험으로 기억에 남는다.

　실패를 기억하고 반추하는 힘은 매우 유용한 능력이다. 그렇게 함으로써 미래의 위험에 대비하고 대처할 수 있기 때문이다. 하지만 그만큼 미래의 가능성을 닫아 버릴 수도 있다. 이건 이래서 안 되고 저건 저래서 안 된다는 생각에 사로잡혀서 시도조차 하지 못할 수 있다. 또한 지나친 걱정이 지금 이 순간에 몰입하는 일을 방해할 수도 있다.

　인생의 묘미는 예측 불가능하다는 데 있다. 무엇도 확실하지 않고 누구도 확신할 수 없다. 이러한 인생에 대처하는 최고의 자세는 열린 태도이다. 도전하지 않고 안주하는 삶은 즐겁지 않을뿐더러 절대로 안전하지 않다. 오히려 유연함과 포

용력을 떨어뜨려 작은 일에도 크게 스트레스를 받거나 별것 아닌 일에도 쉽게 좌절하게 만든다.

보통 일기를 쓸 때, 어른들은 주로 그날 저지른 실수와 잘못을 기록하며 반성하는 시간을 갖는 반면 아이들은 가장 행복했던 일을 적는다. 잠드는 순간까지 아이들은 행복한 하루를 보내는 것이다. 우리 어른도 아이처럼 생각하고 행동하면 어떨까? 물론 해야 할 일과 책임져야 할 일이 많은 어른의 삶이 아이와 같을 수는 없다. 그렇더라도 나쁜 일보다 좋은 일을 더 자주 떠올리고, 실패보다 행복의 기억을 머릿속에 떠올리며 살아간다면 하루하루가 고달프기만 하지는 않을 것이다.

"과거는 지나갔고 미래는 오지 않았다." 나는 부처님의 이 말씀을 참 좋아한다. 지나간 것과 오지 않은 것을 어찌할 수 있으랴. 내가 할 수 있는 일은 오직 지금 이 순간을 살아가는 것뿐이다. 천진불인 아이들의 눈에는 모든 것이 새롭고 즐겁듯이, 그렇게 현재를 바라볼 수 있다면 매 순간이 놀라움과 경이로움으로 가득할 것이다. 길가에 핀 꽃 한 송이도 반갑다.

무소유의
경제 모델

1년 넘게 서울 종로타워에 있는 공유 오피스에 출근한 적이 있다. 거기에는 많은 사무실이 밀집해 있었는데, 사무 공간을 제외한 탕비실·라운지·회의실·프린터 등을 공유해서 사용했다. 사무실 면적은 작지만 여러 가지 편의 시설을 사용할 수 있어 만족도가 높았다. 무엇보다 전 세계 공유 오피스와 연결되어 있어서 해외 출장 때 평소 사무실을 이용하듯 현지 공간에서 일할 수 있다는 게 큰 장점이었다.

    내가 출가한 지 얼마 안 되었을 무렵, 어른스님이 이런 말씀을 해 주셨다. "가족을 버리고 절에 왔더니 더 많은 가족(문중)이 생기고, 자식을 낳지 않겠다고 했더니 더 많은 자식(상좌)이 생기고, 집을 버렸더니 대궐같이 높은 집 아래 살게 되더라." 공유 오피스 생활이 딱 그랬다. 공간과 물건에 대한 욕심을 버리자 더 많은 것들을 자유롭게 활용할 수 있었다.

공유경제는 물건에 대한 관점을 '소유'에서 '공유'로 전환한 혁신적인 개념이다. 2002년 몬트리올대학교 명예교수 에잔 맥카이의 논문 「지적재산과 인터넷: 공유의 공유」에 처음 등장한 이후, 2008년 하버드대학교 로렌스 레식 교수가 상업 경제[Commercial Economy]의 대척점에 있는 개념으로 이를 정의함으로써 대중화되었다. 지금은 '물건이나 공간 혹은 서비스를 빌리고 나눠 쓰는, 인터넷과 스마트폰 기반의 사회적 경제 모델'이라는 뜻으로 쓰이고 있다. 빈집을 공유하여 수익을 창출하는 에어비앤비, 차량을 공유하는 우버가 대표적인 공유경제 모델이다.

불교에서도 공유를 중요시한다. 불교 교단의 중심인 승가는 시주물을 공유하며 사는 생활이 기본이다. 시주물은 크게 현전승물과 사방승물로 구분한다. 전자는 결계(結界) 안에 있는 현전승가가 사용하는 시주물이고, 후자는 다음 세대 승가까지 이용해야 하는 시주물을 말한다. 이러한 용도는 시주자의 뜻에 따라 정해진다. 좀 더 쉽게 설명하면 음식이나 발우 등 개인 용품과 단기간에 소멸될 가능성이 높은 것들은 현전승물에 속하고, 토지나 건물 혹은 방사나 가구 그리고 오랫동안 사용할 수 있는 것들은 사방승물이다.

내 것이 없는 공동체의 삶을 지향하는 불교는 공유를 통해 개인의 것은 최소화하고 공동체에 공간과 재산 등을 귀속하여 소유욕을 없애는 삶을 추구한다. 이는 석가모니 부처님 시절부터 이어진 불교의 유구한 전통이다. 대표적인 예가 죽림정사(竹林精舍)다.

옛날 마가다국의 빔비사라왕이 죽림정사를 기증할 때, 왕이 부처님에게 도량을 공양하고자 했다. 그때 부처님이 나서 도량을 부처님과 사방승가에 공양하는 것으로 바꾸도록 한다. 알고 보면 최초로 공유경제를 제안한 분이 부처님인 것이다. 부처님은 단지 그렇게 하라고 지시하기만 한 것이 아니라, 왜 그렇게 해야 하는지 당위성[諸行無常]과 운영 노하우[戒律]까지 설했다. 시대를 초월한 선견지명을 찬탄해 마지않을 수 없다.

세상의 모든 것은 변하기 때문에 '나'는 물론 '내 것'이라고 할 만한 것이 없다. 이러한 물질세계의 본질에 대한 이해가 지금껏 불교계 안에서만 면면히 전해져 왔다면, 이제는 공유경제라는 실제적인 경제 모델로서 사람들 사이에 퍼져 나가고 있다. 당연히 현실의 삶은 승가 생활과는 달라서 여러 가지 제약이 있을 수밖에 없다. 하지만 본래의 목적과 뜻을 잃지 않으면서 상황에 맞게 잘 이용한다면 삶에 유익한 방편이 되리라 믿어 의심치 않는다. 소유로는 한 사람의 욕심도 미처 다 채우기 힘들지만, 공유하면 여러 사람을 넉넉하게 아우를 수 있다.

소란한 마음에
향을 사르다

절을 찾는 사람 중에는 법당에서 은은하게 퍼져 나오는 향냄새가 좋다고 말하는 사람이 많다. 향냄새를 맡고 있으면 마음이 차분하게 가라앉아서 명안해지고 위로받는 느낌이 든다는 것이다.

일찍이 향은 불교를 나타내는 상징물 중 하나였다. 그도 그럴 것이 절에서는 항상 향을 사른다. 스님들이 예불할 때, 또 불자들이 절을 하기 전에 꼭 향을 피운다. 등(燈), 차(茶), 꽃, 과일, 쌀과 함께 육법공양 중 하나인 향은 계정혜 삼학을 배우고 익혀 부처님의 깨달음을 널리 전하리란 서원을 담은 공양물이다. 그래서 스님들은 매일 예불 때 간절한 마음으로 향을 사르며 오분향(계향, 정향, 혜향, 해탈향, 해탈지견향)을 외운다.

향은 불교가 유입되는 과정에서 우리나라에 전해졌다. 『삼국유사』에 따르면, 신라 19대 눌지왕(訥祇王) 때 중국 양(梁)나라에서 의복과 함께 향을 보내왔다고 한다. 당시 누구도 그 쓰임을 알지 못했는데, 아도화상이 말하길 '이것은 향이라는 것으로 태우면 기이한 향기가 나고, 그 정성이 신성한 곳에 이른다'라고 하여 최초로 향의 용도와 사용법을 알려 주었다고 한다. 나아가 아도화상이 병든 성국 공주를 위해 향을 사르고 기도를 올리자 공주의 병이 씻은 듯이 나았으며, 이 인연으로 신라에 불교가 전해지게 되었다.

향이 널리 쓰이면서 자연스럽게 향로 문화도 발전했다. 향로는 재료에 따라 토제·도제(陶製)·금속제·석제 등으로 구분하는데, 이러한 기술의 극치를 보여 주는 작품이 백제 금동대향로(국보 제287호)와 고려 시대 흥왕사 청동은입사향로(국보 제214호)다. 향로는 꽃병, 정병과 함께 중요한 공양구로서 언제나 불단의 정중앙에 위치한다. 또 절에는 향로전(香爐殿), 응향각(凝香閣), 일로향각(一爐香閣)이라고 하여 일상 예불과 주요 행사에 쓰이는 제물을 보관하는 특별한 건물이 있다. 이곳은 부처님 전에 향이나 초를 공양하고 염불 등의 의식을 담당하는 노전(爐殿)스님이 머무는 숙소인데, 이때 노전이란 향로전의 줄임말이다.

이처럼 귀하고 성스러운 향에 대해 언젠가부터 사람들이 곱지 않은 시선을 보내기 시작했다. 향을 피울 때 나는 연기가 인체에 유해하다는 이야기가 퍼지면서 향에 대한 인식이 나빠진 탓이다. 덩달아 법당에서도 점점 향을 피우지 않게 되었다. 이는 잘못된 일이다. 향을 피운다고 해서 건강이 나빠진다는 건 지나친 우려다. 과학적으로 밝혀진 근거도 없다. 밀폐된 공간에서 한꺼번에 다량의 향을 피우지만 않는다면 전혀 문제 될 게 없다는 것이 전문가들 의견이다. 또한 질 좋은 재료로 만든 향을 사용함으로써 유해 물질에 노출되는 일을 얼마든지 예방할 수 있다.

최근 백화점과 대형서점에서 디퓨저 상품이 인기를 끌고 있다. 향이 일상으로 스며든 것이다. 아쉬움이라면 불자들의 향 사용이 늘어난 것이 아니라, 요가와 명상 관련 시장이 확대되면서 향 판매량이 늘어났다는 점이다. 송나라 시인 황산곡이 말하길 "향은 마음을 청정케 하고, 더러움을 깨끗이 없애 주며, 조용한 가운데 마음이 안정되도록 해 준다"라고 했다. 이러한 향을 때에 맞게 적절히 잘 사용한다면 번잡스러운 일

상에서 몸과 마음에 휴식을 부여하는 좋은 도구가 되리라 생각한다.

요즘은 다들 자기 말을 하려고만 할 뿐 좀체 다른 사람의 이야기를 들으려고 하지 않는다. 각자 개성을 표현하고 당당히 자기주장을 밝히는 태도야 환영할 만한 일이지만, 경청과 소통이 부재한 일방향의 외침은 오히려 나와 세상을 심란하게 할 뿐이다. 이럴 때일수록 내면에 집중하는 일이 중요하다. 부처님은 다른 사람과 대화할 때 명심해야 할 네 가지 주의 사항을 말씀하셨다. 첫째, 진실을 말하라. 둘째, 적절한 때에 말하라. 셋째, 상대방에게 유익한 말을 하라. 넷째, 자비롭고 친절하게 말하라. 마치 수행자가 부처님 전에 헌향하듯 매일 아침 귀한 향 한 개비를 사르며 내면을 고요하게 하는 연습을 해보자. 나와 남을 이롭게 하는 대화 습관을 들이는 데 큰 도움이 될 것이다.

재수 없는 날

음력 정월이 되면 많은 불자가 새해 소망을 발원하며 기도에 동참한다. 대부분 건강과 행복, 부자가 되게 해 달라는 소원이다. 과거에는 재물에 대한 욕심을 말하면 속된 사람의 상징이라 하여 이를 감추고 드러내지 않는 것이 미덕이었다. 그러나 지금은 그 금기가 깨져서 너도나도 돈과 재물에 대한 욕심을 드러내는 데 주저함이 없다. 당연한 일이다. 자본주의 시대를 살아가는 현대인들에게 돈만큼 중요한 게 어디 있을까? 돈이 없으면 당장 먹고사는 데 곤란을 겪는다. 생활필수품부터 기호 물품에 이르기까지 돈 없이는 아무것도 가질 수 없다.

돈을 중요하게 여긴 긴 어제오늘 일이 아니다. 예부터 우리는 불운이 닥칠 때면 '재수가 없다'라고 말하곤 했다. 이때 재수(財數)란 돈이 들어오는 운수를 뜻한다. 즉 재수가 없다는 말은 어떤 일로 인해 돈이 빠져나가거나 돈이 없는 상황을 의미한다. 어릴 적 귀에 못이 박히도록 들었던 '문지방에 앉지 마라'라는 말 역시 돈과 관련이 있다. 문지방에 앉으면 복이 달아나기 때문에 앉지 말라는 것인데, 과거 우리나라의 주거 형태를 생각해 보면 제법 그럴싸한 얘기다. 흙집 문지방에 걸터앉으면 문틀 아래 흙이 무너져서 문과 틀이 틀어지는데, 이를 고치거나 새 문을 설치하려면 돈이 들기 때문이다.

돈에 얽힌 재미난 일화가 있다. 다보사 우화 스님 이야기다. 우화 스님이 다보사 뒷간을 새로 짓기 위해 7년간 열심히 돈을 모았는데, 이 사실을 안 어떤 사람이 밤에 몰래 스님을 찾아와 칼로 위협하며 돈을 내놓으라고 협박했다. 가속 무양에 지친 나머지 하지 말아야 할 짓을 벌인 것이다. 필사적으로 돈을 지키려는 스님과 한창 실랑이를 벌이던 도둑은 "내 살다 살다 스님같이 고집 센 사람은 처음 봤소"라며 한발 물러났다. 이에 스님은 "절대로 이 돈을 빼앗길 수 없소. 빌려줄 수는 있지만…"이라고 말했다.

그러자 도둑은 스님에게 자신의 사정을 털어놓았고, 스님은 흔쾌히 돈을 빌려주었다. 세월이 흘러 약속대로 도둑은 빌려 간 돈을 모두 갚았다. 스님으로서는 시주물을 빼앗기는 잘못을 저지르지 않고 어려운 사람을 도왔으니 다행이었고, 도둑은 돈을 갈취하지 않고 빌렸다가 고스란히 갚았으니 은혜를 입었으되 죄는 짓지 않았다. 여러모로 지혜로운 결정이었다.

그렇다면 부처님은 돈에 대해 어떻게 말했을까? 많은 사람이 불교가 돈의 가치를 경시하고 가난하게 살 것을 강조하는 종교라고 오해한다. 전혀 그렇지 않다. 오히려 부처님은 반드시 돈을 벌어야 하는 다섯 가지 이유를 말했다.

첫째, 부모와 자녀 등 가족을 행복하게 하고 고용인도 만족하게 하기 위함이다. 둘째, 친구와 동료를 도와 그들의 행복을 지키도록 하기 위함이다. 셋째, 불과 물 등의 재난과 왕이나 도적이나 나쁜 마음을 가진 상속인들로부터 자신을 보호하기 위함이다. 넷째, 정당하게 매겨진 세금을 내고 조상들에게 제사를 지내며 손님에게 대접을 게을리하지 않기 위함이다. 다섯째, 인욕과 겸손과 온화와 헌신할 줄 아는 수행자들을 공양하기 위함이다.

대개 불자들은 재물을 멀리해야 한다고 생각한다. 하지

만 부처님은 위와 같이 재물이 다섯 가지 큰 이익을 가져다준 다고 말했다. 부처님이 강조한 가르침은 돈을 빌지 말라는 게 아니라 바르게 벌어서 바르게 쓰라는 것이다.

먼저 돈이 필요한 이유를 분명히 알고, 어디에 어떻게 쓸 것인지 염두에 두고 목표를 세우면 돈을 벌 동기가 생긴다. 그리고 돈이 생겨서 원하던 일을 달성하고 나면 더는 욕심 부리지 않고 만족하여 그치게 된다. '세상에서 가장 큰 부자는 만족함을 아는 사람'이라고 했다. 재가자가 돈벌이하는 것은 당연한 일이지 부끄러워할 일이 아니다. 다만 만족하지 못하고 끝없이 더 많이 가지려고 욕심내는 마음을 경계할 따름이다.

돈으로 모든 것을 살 수는 없지만 거의 모든 것을 살 수 있다는 우스갯소리가 있다. 또 곳간에서 인심난다는 속담도 있다. 그만큼 우리는 돈의 위력이 대단한 시대를 살고 있다. 그런데 이 말을 달리 해석해 보면, 세상에서 돈으로 공덕을 지을 수 있는 일이 부지기수하다는 말이다.

불교에서는 금전이나 재물로써 남을 이롭게 하는 일을 재보시(財布施)라고 하여 법보시(法布施)·무외시(無畏施)와 함께 3대 보시 행위로 강조한다. 물질적으로 그 어느 시기보다 풍족한 21세기는 재보시를 실천하기 좋은 때다. 바른 노력과 정당한 행위로 돈을 벌어서 나와 내 가족뿐만 아니라 이웃과 세상을 위해 사용한다면 얼마나 뜻깊은 일이겠는가. 나아가 베푼다는 마음 없이 베푸는 무주상보시(無住相布施)가 된다면 더할 나위 없을 것이다.

생명을 살리는
방생(放生)

『반야심경』구절 중에 '원리전도몽상(遠離顚倒夢想)'이라는 경구가 있다. 풀이해 보면 '꿈같이 뒤집힌 생각을 멀리 떠나라'라는 뜻이다. 살다 보면 종종 전도몽상의 상황을 마주하게 된다. 예를 들어 누군가 잘못을 저지르면 잘못한 사람을 꾸짖어야 하는데 엉뚱하게 피해자를 꾸짖는 때가 있다. 성추행 범죄가 벌어진 것은 여성이 짧은 치마를 입고 다녀서라거나 저녁 늦게 다녀서라며 오히려 피해자를 탓하는 일이 바로 그런 경우이다. 또 음주운전 사고로 피해자가 사망에 이르렀음에도 가해자가 초범이라는 이유로, 혹은 술에 취한 상태였다는 이유로 죄를 감면해 주는 경우도 마찬가지다. 모두가 전도몽상 같은 일이다.

　때로 불자들도 이런 일을 겪는다. 대표적인 사례가 '방생(放生)'이다. 방생은 죽을 위기에 처한 생명을 자연으로 되돌려 주는 지극히 선한 행위이다. 방생의 대상은 정해진 바 없지만, 한국불교에서는 예부터 물고기 방생을 많이 해 왔다. 그런데 이를 두고 물고기가 낚시꾼 밥이 되게 한다느니, 낚시꾼의 살생을 부추긴다느니 하면서 방생자를 비난하는 일이 있다. 참으로 딱한 일이 아닐 수 없다. 어째서 살생하는 이들을 비난하지 않고 방생하는 이들을 탓한단 말인가? 정상적인 사고방식을 가진 사람이라면 새나 물고기 등을 풀어 주는 일을 칭찬해 마지않을 것이다. 반대로 취미랍시고 생명을 잡고 죽이는 행위를 멈추게 할 것이다.

　물론 예전에 부족한 정보로 인해 잘못을 저지른 적도 있다. 적절하지 않은 곳에 생명을 풀어 준다거나, 혹은 우리 자연환경에 해가 되는 생태교란종을 풀어 준다거나 하는 일이 벌어지기도 했다. 방생에 대한 대부분의 부정적 인식은 아마도 여기에서 비롯되었을 것이다. 하지만 실수는 지도와 지적으로 얼마든지 바로잡을 수 있다. 그러지 않고 막무가내로 비난하며 본질을 흐리는 건 바람직하지 않다.

불교에서 행하는 방생 의식에는 생명에 대한 깊은 자비심과 사랑의 마음이 담겨 있다. 첫째, 전통적인 방생 의식에서는 가장 먼저 버드나무 가지로 감로수를 적셔 생명들에게 뿌린다. 이는 병을 낫게 하는 가피가 있는 양류관음의 자비심을 상징한다. 실제로 버드나무에서 나온 아세틸살리실산은 현대 진통제인 아스피린의 주원료이다. 조선 시대 이순신 장군도 무과시험 중 낙마했을 때, 버드나무 가지로 다리를 감싼 후 다시 시험을 이어 갔다는 기록이 있다. 이러한 버드나무 가지로 감로수를 뿌려 주는 행위를 통해 생명이 자연으로 돌아가 행복하고 건강하게 살기를 기원하는 것이다.

둘째, 방생 의식에는 삼귀의계(三歸依戒)를 내려 주는 수계식이 포함된다. 단지 생명을 풀어 주는 것이 아니라 수계를 함으로써 보리심으로 축생계를 벗어나 인간계와 천상계로 나아가길 축원하는 것이다.

셋째, 적석 도인의 「칠종방생(七種放生)」이라는 글을 보면 '임신한 사람이 방생을 하면 모든 생명이 보호해 준다'라는 내용이 나온다. 즉 방생에는 다른 생명을 살림으로써 인연법에 따라 나와 내가 소중히 여기는 사람이 보호받기를 바라는 마음이 담겨 있다.

인생에는 크고 작은 문제가 발생하기 마련이다. 다만 생명을 경시하는 사람일수록 죄를 범할 획률이 높다. 그 무엇에도 비할 수 없는 생명의 소중함을 망각한 채 살아간다면, 다른 일도 대수롭지 않게 여길 가능성이 크기 때문이다. 불자로서 오계를 지키며 불살생을 실천하는 것은 너무도 당연한 일이다. 여기서 그치지 않고 보다 적극적으로 생명을 살리는 일에 동참한다면 이토록 아름답고 큰 계행이 또 있을까. 이 점에서 방생은 널리 칭찬받아야 할 일인 동시에 그 자체로 훌륭한 자비 수행이다.

탁발 예찬

불교에는 아름다운 전통이 많다. 대표적으로 평등·절약·청결·생명 존중의 가치를 담은 '발우공양'이 있고, 자비와 보살행의 실천으로서 죽을 위기에 처한 생명을 자연으로 되돌려 주는 '방생'이 있다. 그리고 또 하나 탁발(托鉢)이 있다. 현재 한국에서는 탁발 장면을 목격하거나 체험할 기회가 거의 없지만, 지금도 미얀마·라오스·태국 등 상좌부 불교권에서는 탁발 전통이 살아 숨 쉬고 있다. 이른 아침 줄지어 거리를 걸으며 탁발에 나서는 스님들을 보면 현지 주민뿐만 아니라 관광객

들도 그 장엄한 모습에 감동하여 저절로 공양을 올리게 된다.

탁발은 산스크리트 'piapata'의 음역인 빈다파다(賓茶波多)에서 유래했다. '발우에 의탁한다'라는 뜻으로 걸식(乞食)을 의미한다. 걸식은 두타행(頭陀行, 스님들의 고행)의 기본이다. 『금강경』 첫 번째 장 「법회인유분」을 보면, 석가모니 부처님이 끼니 때가 되어 제자들과 함께 발우를 들고 나가 인가에서 차례로 음식을 탁발하는 장면이 나온다. 또 12두타행의 세부 조목을 살펴보면, 항상 걸식으로만 공양하라[常行乞食], 부자와 가난한 자를 가리지 않고 차례로 찾아가 걸식하라[次第乞食] 등과 같은 탁발 공양에 관한 여러 조항이 나온다. 부처님 당시부터 탁발이 중요한 수행의 하나였음을 알 수 있는 대목이다.

탁발은 수행자에게는 무소유 정신을, 재가자에게는 자비행을 실천케 하는 수행이며 공덕을 쌓게 하는 훌륭한 종교의례이다. 탁발의 형태는 나라별로 조금씩 다르다. 대만에서는 매년 연말 농녕탁발(冬鈴托鉢)이라고 해서 어려운 이웃을 돕기 위한 기금 마련 행사로 이를 진행한다. 미얀마와 라오스에서는 탁밧(Tak Bat)이라 해서 스님들이 매일 아침 거리로 나와 사람들에게 공양물을 시주받는다. 스리랑카에서는 신도들이 공양물을 준비해 절을 찾아가 스님의 그릇에 음식을 덜어 주는 형태로 진행된다.

우리나라에서도 오래전부터 스님들이 탁발을 해 왔다. 원효 스님이 탁발을 하며 무애가를 불렀다는 기록만 보더라도 탁발의 역사가 상당히 오래되었음을 짐작할 수 있다. 그런데 왜 요즘은 탁발하는 스님을 볼 수 없게 된 걸까? 이는 한국 불교 최대 종단인 대한불교조계종이 1964년 공식적으로 탁발을 금지했기 때문이다.

여기에는 몇 가지 안타까운 사연이 깔려 있다. 먼저 조선 시대 숭유억불 정책으로 인해 수행의 근본이자 시주자가 공덕을 짓는 거룩한 행위였던 탁발의 정신이 왜곡되고 구걸의 의미로 격하되었다. 또 6.25 전쟁을 거치며 삶이 궁핍해진 시기에 탁발승을 사칭하며 음식 대신 돈으로 시주를 받는 사람들이 생겨났다. 이렇듯 본래의 수행 정신이 훼손된 채 이를 악용하는 사례가 늘어나다 보니 어쩔 수 없이 탁발을 금지하게 된 것이다.

하지만 탁발의 정신을 분명하게 되새길 수만 있다면 오늘날 한국에서도 얼마든지 탁발 문화를 되살릴 수 있다. 이미 그런 사례가 있다. 1994년 조계종단 개혁 이후 있었던 '깨달음의 사회화 운동', 2000년대 초반 생명 평화 살리기 운동의 일환으로 진행된 탁발이 그러한 경우이다. 또 2005년 1월 조계종단 차원에서 남아시아 지진 피해 주민을 돕기 위한 '자비의 탁발' 행사를 개최해 20억이 넘는 돈을 모아 쓰나미 피해를 입은 주민들을 도운 적이 있다.

    탁발은 무소유의 가치를 깨닫게 하고 수행자의 자만과 아집을 내려놓게 하여 세상을 두루 이롭게 하는 수행이다. 그 취지가 잘 유지된다면 개별 수행자의 정진에도 도움이 될뿐더러 불교를 더 널리 홍보하는 데도 효과적일 수 있다. 과거의 부정적인 사례를 예방하기 위해, 이를테면 5인 이상의 구성원으로 이루어진 승가가 함께할 것과 사회를 돕는 이타행을 목적으로 할 것 등을 조건으로 제시한다면 얼마든지 여법하게 탁발을 진행할 수 있다. 그렇게 함으로써 대량생산, 대량소비, 대량폐기의 산업구조가 불러오는 환경문제, 황금만능주의에서 벗어나 자비로운 사회로 한 걸음 더 나아갈 수 있을 것이다.

해인사 김치가 짠 이유

절에서는 찬 바람이 불면 월동(越冬) 준비를 한다. 법당과 요사에 문풍지를 바르고, 나무 땔감을 마련하고, 부각이나 장아찌 등 찬거리를 만들고, 대중 운력으로 김치를 담근다. 특히 대중이 많으면 김장을 넉넉히 해야 겨울 한 철 양식을 걱정하지 않고 지낼 수 있다. 김치를 담그기 가장 좋은 김장철은 입동(立冬) 무렵이다. 입동의 사전적 의미는 '겨울에 들어서는 시기'이다. 이 무렵에 김장을 하는 이유는 입동이 지나면 배추나 무가 어는 등 싱싱한 재료를 구하기가 어려워지기 때문이다.

우리의 세시풍속(歲時風俗) 중 하나인 김장은 두레와 품 잇이로 대표되는 민족 공동체 문화의 한 원형이다. 마을 구성원들이 한데 어울려 김장을 하고 담근 김치를 나눠 감으로써 연대감을 키워 온 것이다. 유네스코가 2013년 한국의 김장문화를 인류무형문화유산으로 등재한 것도 이러한 공동체 문화의 특징을 높이 평가했기 때문이다. 당시 유네스코는 "한국인은 여러 세대에 걸쳐 전승되어 온 김장을 통해 일상생활에서 전 세대에 걸쳐 이웃 간 나눔의 정신을 실천하고 있다"라고 평가했다.

김장철이 되면 떠오르는 기억이 있다. 해인사 대중의 일원으로서 직접 농사지은 배추를 뽑아 김치를 담갔던 기억이다. 해인사는 많은 대중이 모여 사는 총림이다 보니 김장의 양도 많을 수밖에 없다. 김장하는 과정에서 가장 힘든 일은 뭐니뭐니 해도 배추를 절이는 일인데, 이때는 절에 있는 모든 스님이 모여서 손을 거든다.

예부터 해인사의 김장 김치는 짜기로 유명했다. 그러다 보니 너나 할 것 없이 김치를 양껏 먹을 수가 없었다. 그래서 당시 해인사 대중은 김장 김치를 짜지 않고 맛있게 담그자고 뜻을 모았다. 배추를 절일 때 소금물에 담그는 시간을 줄였고, 김칫소의 양념을 버무릴 때도 소금을 적게 넣었다. 김장을 마치고 먹은 김치의 맛은 참 맛있었다. 혀끝에 절로 군침이 돌 정도로 감칠맛이 났다.

며칠이 지나고, 소복하게 눈이 내린 어느 날 우리가 담근 김치가 상에 올라왔다. 직접 담그고 직접 맛본 김장 김치이기에 다들 넉넉히 발우에 김치를 담아 갔다. 그런데 밥을 푼 숟가락에 김치 한 쪽을 얹어 먹어 보니 짜도 너무 짰다. 급하게 밥을 몇 숟가락 더 떠먹을 수밖에 없었다. 다른 스님들도 당황한 기색으로 연신 밥을 떠먹고 있었다. 공양이 끝난 뒤 원주스님은 대중으로부터 원망의 눈빛을 받아야 했다. 원주스님은 난감해하며 김치가 짜진 내막을 알아보겠다고 했다.

다시 며칠이 지난 뒤 원주스님으로부터 사정을 들을 수 있었다. 김장 김치를 장독에 담은 밤, 해인사 극락전에 주석하는 노스님 한 분이 독마다 소금을 한 바가지씩 넣었다는 것이다. 뿐만 아니라 옆방 노스님도, 그 옆방 노스님도 장독마다 소금을 부었다고 한다. 노스님들이 그렇게 한 데는 이유가 있었다. 과거 나라 살림이 어렵고 절 살림도 어려웠던 시절, 선지식들은 처마마다 고드름이 맺히는 차디찬 겨울날을 짠 김치 한 조각에 의지해 나셨다. 그렇게 검소하게 생활하면서 아끼고 아낀 재원으로 구휼미를 지원하고 독립 자금도 전달했던 것이다. 그 얘기를 들은 우리는 약속이라도 한 것처럼 고개

를 끄덕였다.

　수행 공동체의 실천 덕목 중 하나인 보시행은 검소한 생활을 바탕으로 한다. 뼈저린 자기희생을 통해 대중의 고락(苦樂)과 화복(禍福)을 함께 나누려는 깊은 자비 정신이 밑바탕에 깔려 있다. 해인사의 김장 김치 일화에서 이러한 동사섭(同事攝)의 진정한 가르침을 배울 수 있었다. 하루하루 벅찬 나날을 살아가는 사람들에게 스님들과 같은 자기희생을 요구하는 건 지나친 일이다. 하지만 풍족하면 풍족한 대로, 적당하면 적당한 대로, 부족하면 부족한 대로 평소 자신의 생활을 돌이켜 보며 잠시나마 주변으로 눈길을 돌릴 수 있다면 그것만으로도 더 바랄 게 없겠다.

마지막 인사

 스님은 장례식장에 갈 일이 많다. 개인적으로 인연 있는 분의 장례식에 조문하러 가는 일은 당연하거니와 때로는 한 다리 건너서 잘 모르는 분의 장례식에 갈 때도 있다.
 불교에서는 장례식장에 가는 일을 시다림(尸茶林)이라고 한다. 시다림이란 범어 시따와나(Sitavana)의 음역으로 시타림(屍陀林), 서다림(逝多林)이라고 쓰기도 한다. 시따(Sita)는 '차가움'을 뜻하고 와나(vana)는 '숲'을 의미하니, 풀이하면 '차가운 숲'이라고 할 수 있다. 옛날 중인도 마가다국의 수도 왕사성

북쪽에 서늘한 기운이 서린 숲이 하나 있었는데, 성 사람들이 이곳에 시체를 안치하곤 했던 데서 유래한 이름이다. 현재는 그 뜻이 조금 달라져서, 스님들이 망자를 위해 설법하거나 염불하는 행위를 일컫는 말로 통용되고 있다.

세상의 다양한 인간 군상을 마주하기에 장례식장만 한 곳이 없다. 어떤 장례식은 호상이라 하여 유족들이 화합하는 곳이 있는가 하면, 서로 다투느라 손님조차 제대로 챙기지 못하는 집도 있다. 식구와 조문객이 적어서 한가한 곳, 자녀들이 모두 외국에 있어서 친척들이 대신 장례를 치르는 곳, 부모와 자녀의 종교가 달라서 다양한 의례가 펼쳐지는 곳 등 그야말로 천태만상이다.

얼마 전 아주 인상 깊은 장례식 풍경을 목격했다. 오랫동안 절에 다니며 신행 활동을 해 왔고, 또 신도회 활동을 하며 각종 소임도 맡아 보았던 분의 장례식이었다. 평소 건강한 모습이었던 그분이 갑자기 죽음을 맞았다는 소식을 듣고 무거운 마음으로 시다림을 하러 갔다. 그런데 예상외로 가족들은 침착하게 고인과의 작별을 준비하고 있었다. 생전 부처님의 가르침을 듣길 좋아했던 고인을 위해 절 뒤편에 산골장을 하기로 하고 절에서 49재를 지내기로 했다.

때가 되어 재를 지내는데, 가족들이 자주 웃는 모습이 보였다. 보통 가족 중 한 사람이 세상을 떠나면 그리움과 미안함으로 눈물을 보이거나 침울한 표정을 짓기 마련인데 이 가족은 달랐다. 49재를 지내는 동안 3형제가 너무도 화목하게 지냈다. 그간 수많은 장례식을 봐 왔지만 이런 경우는 처음인지라 궁금하여 묻지 않을 수 없었다.

"슬픔이 크실 텐데, 어떻게 그리 형제간에 잘 웃고 화목하십니까?" 돌아온 답은 이랬다. "평소 어머니가 자주 당신의 죽음 이후를 말씀하셨어요. 화장하여 유골은 절에 뿌리고, 49재 동안 너무 슬퍼 말고 웃었으면 좋겠다고요. 저희가 웃는 모습을 보는 게 세상에서 가장 좋으시다고요. 많이 웃어 달라고 하셔서 많이 웃고 다닙니다."

아주 간단하고 당연한 이유였다. 고인은 생전에 자신의 죽음 이후에 대해 누누이 자식들에게 이야기해 주었고, 자식들은 어머니의 뜻을 잘 새겨서 마지막까지 효도하는 심정으로 행동한 것이다. 이 얼마나 아름다운 모습인가. 이들을 보면서 '미리 유언을 남겨 두면 훗날 떠나는 사람과 남은 사람에게 두루 도움이 되겠구나' 하는 생각이 들었다. 더불어 어떻게 하면 불자들이 먼저 떠나는 사람의 유훈을 잘 지킬 수 있을까 골똘하게 되었다.

고민 끝에 영상으로 유언을 남기면 좋을 듯하여 촬영 장비를 마련하고 지인의 도움을 받아 질문지를 완성했다. 그런데 막상 준비해 놓고 보니 걱정이 들었다. 과연 누가 자신의 마지막을 촬영하고자 할까? 자신의 죽음을 미리 생각하고 받아들이는 일이 쉽지 않을뿐더러 누군가에게 유언을 남기는 게 익숙하지 않기 때문이다.

몇 날 며칠 고심하던 끝에 좋은 아이디어가 하나 떠올랐다. 스님들은 법문을 통해 일상적으로 삶과 죽음에 대해 이야기하니, 스님과의 대화 형식으로 자연스럽게 유언을 남겨 보면 어떨까 싶었다. 말하는 사람도 듣는 사람도 부담을 덜 수 있을 듯했다. 마침내 법문 때 이 이야기를 꺼냈더니, 서로 먼저 하겠다고 난리였다.

그날 이후 한 사람씩 일정을 잡아 유언 영상을 촬영하고 있다. 녹화된 영상은 49재 마지막 날에 유족들에게 틀어 주고 파일을 전하기로 했다. 실제로 이 일이 얼마나 실효가 있을지는 미지수다. 다만 준비 없이 이별의 순간을 맞이하기보다 스스로 생각을 정리하고 이를 사랑하는 이들에게 전할 수 있다면 한결 홀가분하지 않을까. 떠난 후에도 향기가 남는 아름다운 이별을 하는 데 작으나마 도움이 되길 바라는 마음이다.

부록

묘장 스님의
주례사

절에 살다 보면 많은 불자를 만나게 되고 그로 인해 다양한 인연이 쌓여 간다. 그런 가운데 신도들의 자녀가 결혼하거나 주변 사람들이 좋은 배우자를 만났다는 소식을 들으면 그렇게 기분이 좋을 수 없다. 직접 결혼식에 참석해 주례를 볼 때도 있지만, 상황이 여의치 않을 경우 족자에 손글씨로 '축사'를 써 곱게 포장해서 보내기도 한다. 여러 쌍의 부부에게 전한 글을 여기에도 적어 본다.

화혼(華婚)을 축하하며

오늘 _____ 군과 _____ 양은 화혼이라는 새로운 시작을 통해 오롯이 성숙한 한 가정을 이루었습니다. 두 사람이 함께 만들어 갈 인생의 길에 작은 도움이 되기를 바라는 마음으로, 오래도록 행복하기 위한 세 가지 방법을 말씀드립니다.

첫째, 행복과 불행에 대한 이야기입니다. 『열반경』에 '행운'이라는 이름을 가진 여인의 이야기가 나옵니다. 가난한 총각이 혼자 살고 있는 집에 한 여인이 찾아와 하룻밤 묵기를 청합니다. 그녀의 미모는 세상에 비할 바가 없이 아름다웠기에 총각은 흔쾌히 그녀를 집으로 들입니다. 여인은 감사의 인사를 건네며 이렇게 말합니다. "제 이름은 행운입니다. 저와 함께하면 갖고 싶은 재산이나 기쁨, 행복 등 모든 즐거운 것을 얻을 수 있습니다. 저와 결혼해 주세요."

총각은 뛸 듯이 기뻐하며 결혼을 약속합니다. 그런데 잠시 뒤 또 다른 여인이 총각의 집을 찾아옵니다. 그녀의 모습은 몹시도 추했으며 표정마저 어두워 세상의 모든 근심과 함께하는 듯해 보였습니다. 여인은 자신의 이름이 '불행'이며, 자기와 함께하면 세상의 모든 불행과 고난이 찾아온다고 말합니다. 그러고는 총각에게 함께 살자며 청혼합니다. 총각은 단호하게 거절하며 여인을 쫓아냅니다. 그때 먼저 온 행운이라는 여인이 다가와 이렇게 말합니다. "저는 불행과 자매지간이라 어디든 같이 다녀야 합니다. 불행을 받아들이지 않으면 저 또한 떠나겠습니다."

사람은 누구나 행복하길 바라지만 우리 삶에는 늘 행복과 불행이 함께합니다. 살다 보면 기쁘고 행복한 일만큼 어렵고 힘든 고난이 따라올 텐데, 그럴 때면 서로가 의지할 수 있는 든든한 버팀목이 되어 주고 시원한 그늘이 되어 주길 바랍니다.

둘째, 언제나 새롭게 사랑하는 법입니다. 사람은 여러 가지 이름을 갖고 있습니다. 부모님이 지어 준 ____ /____라는 이름 외에도 부모님에게는 사랑하는 아들과 딸로, 형제자매에게는 형·누나·오빠·언니로, 자녀가 태어나면 엄마·아빠로, 또 사회에서는 선배나 친구나 동료 등으로 매 순간 우리는 다양한 이름으로 불립니다. 이처럼 관계에 따라 호명이 달라지듯이, 결혼 생활에서도 상황에 따라 스스로를 적절히 변화시켜 나가길 바랍니다. 자신의 역할을 배우자로만 한정하지 말고 때로는 든든한 남편과 아내가 되고, 때로는 다정한 친구가 되며, 때로는 고민을 들어주는 상담가가 되고, 때로는 용기와 힘을 북돋는 응원단장이 되어 주는 것입니다. 든든한 남편과 아내가 필요한 순간에 철부지 꼬맹이가 되거나, 친구가 필요한 순간에 잔소리하는 직장 상사가 되면 안 됩니다. 매 순간 상대방이 필요로 하는 사람이 되어 곁에 있어 준다면, 언제 어떤 상황에 부닥쳐도 서로에 대한 사랑과 소중함을 잊지 않을 겁니다.

셋째, 다툼이 사라지게 만드는 법입니다. 칼릴 지브란(Kahlil Gibran, 1883~1931)의 책 『예언자』에 제가 좋아하는 시 한 편이 있는데 옮겨 보겠습니다.

> 함께 있되 거리를 두라.
> 그래서 하늘의 바람이 너희 사이에서 춤추게 하라.
> 서로 사랑하라. 그러나 사랑으로 구속하지는 마라.
> 그보다 너희 혼과 혼의 두 언덕 사이에 출렁이는 바다를 놓아두라.
> 함께 노래하고 춤추며 즐거워하되 서로는 혼자 있게 하라.
> 마치 현악기의 줄들이 하나의 음악을 울릴지라도 줄은 서로 혼자이듯이 함께 서 있으라.
> 그러나 너무 가까이 서 있지는 마라.

> 사원의 기둥들도 서로 떨어져 있고, 참나무와 삼나무는 서로의 그늘 속에서는 자랄 수 없다.

두 사람은 서로가 다른 환경에서 반듯한 성인으로 성장했습니다. 함께 있되 떨어져 있어서 큰 공간을 만들어 내는 사찰의 법당처럼, 상대방을 내 그늘 내 품에만 두려 하지 말고 홀로 든든하게 서 있는 어른의 모습으로 서로를 지켜보며 또 존중하며 살아가야 합니다.

    인연법에 따라 수백 생의 인연이 쌓이고 쌓여, 오늘 이렇게 서로에게 영원한 사랑을 약속하는 이날을 축하하며 행복하게 살아가는 세 가지 방법을 적어 보았습니다. 오늘의 약속처럼 언제나 서로 사랑 속에 행복하고 자비 속에 머물며 평화 속에 노닐기를 축원합니다.

불기　　　년　　　월　　　일
하늘의 천인들이 꽃을 뿌리며 함께 기뻐하는 날에

**인연 아닌 사람은 있어도
인연 없는 사람은 없다**
〈나는 절로〉 묘장 스님이 들려주는 인연의 법칙
ⓒ 묘장, 2025

2025년 8월 25일 초판 1쇄 발행

지은이 묘장
발행인 박상근(至弘) • 편집인 류지호 • 편집이사 양동민
책임편집 양민호 • 편집 김재호, 김소영, 최호승, 정유리, 이란희, 이진우 • 디자인 쿠담디자인
제작 김명환 • 마케팅 김대현, 김대우, 이선호, 류지수 • 관리 윤정안
콘텐츠국 유권준, 김희준
펴낸 곳 불광출판사 (03169) 서울시 종로구 사직로10길 17 인왕빌딩 301호
　　　대표전화 02) 420-3200　편집부 02) 420-3300　팩시밀리 02) 420-3400
　　　출판등록 제300-2009-130호(1979. 10. 10.)

ISBN 979-11-7261-198-9 (03220)

값 18,000원

잘못된 책은 구입하신 서점에서 바꾸어 드립니다.
독자의 의견을 기다립니다. www.bulkwang.co.kr
불광출판사는 (주)불광미디어의 단행본 브랜드입니다.